Train
Kommunikationsfähigkeiten

30 Übungen, die Sie durchführen sollten, um Ziele im Geschäfts- und Privatleben zu erreichen.
Der Leitfaden zu mehr Charisma und effektiver Kommunikation

Arne Klaus-Peter

INHALTSVERZEICHNIS

KOMMUNIKATIONSBLOCKADEN - UND TECHNIKEN, UM SIE ZU ÜBERWINDEN

1. Besorgniserregend
2. Emotionale Blockaden
3. Feindseligkeit
5. Frühere Erfahrungen
6. Mehrdeutigkeit
7. Versteckte Agenden

ÜBERWINDUNG SOZIALER ÄNGSTE VOR DER KOMMUNIKATION

Was verursacht soziale Ängste?
Anzeichen und Symptome einer sozialen Angststörung

WIRKSAME KOMMUNIKATION - VERBESSERUNG IHRER SOZIALEN KOMPETENZ

Warum sind Kommunikationsfähigkeiten wichtig?

Nonverbale Kommunikation

Konversationsfähigkeiten

Mythen über Durchsetzungsvermögen - Hindernisse für selbstbewusstes Verhalten

Mythos Nr. 1: Durchsetzungsvermögen bedeutet, dass man immer seinen Willen bekommt

Mythos Nr. 2: Durchsetzungsfähig zu sein bedeutet, egoistisch zu sein

Mythos Nr. 3: Passivität ist der Weg, um geliebt zu werden

Mythos Nr. 4: Es ist unhöflich, zu widersprechen

Mythos Nr. 5: Ich muss alles tun, worum ich gebeten werde

ÄNGSTE UND GRENZEN ÜBERWINDEN
WIE MAN SEINE FÄHIGKEITEN ZUM SPRECHEN IN DER ÖFFENTLICHKEIT VERBESSERT UND SEINE ANGST ÜBERWINDET

Die vielen Vorteile des öffentlichen Redens
Wie Sie Ihre Angst vor öffentlichen Reden minimieren können

1. Denken Sie daran, dass Sie beobachtet werden

2. Achten Sie auf Ihre Körpersprache

3. Legen Sie Ihr Telefon weg

4. Blick in die Kamera

5. Übermäßige Bewegungen und dramatische Handgesten sollten vermieden werden.

6. Achten Sie auf Ihre Gesichtsausdrücke

MENSCHEN IN DER KOMMUNIKATION VERSTEHEN

Publikumsorientierter Ansatz für Reden
Gemeinsamkeiten finden durch Perspektivenübernahme
Sammeln und Interpretieren von Informationen
Praktische Vorteile für den Redner

EINFÜHLUNGSVERMÖGEN BEI DER ARBEIT: FÄHIGKEITEN ENTWICKELN, UM ANDERE MENSCHEN ZU VERSTEHEN

Was ist Empathie?
Kognitive Empathie
Emotionales Einfühlungsvermögen
Mitfühlendes Einfühlungsvermögen

ACHTSAMES ZUHÖREN: BEWUSSTSEIN ENTWICKELN, UM VOLLSTÄNDIG ZUZUHÖREN

Was ist achtsames Zuhören?
Wie man achtsam zuhört
Hindernisse für effektives Zuhören

EFFEKTIVE, ÜBERZEUGENDE KOMMUNIKATION

Die Gesetze der Überredung anwenden
Kennen Sie Ihr Publikum
Die Aufmerksamkeit des Publikums gewinnen
Glaubwürdigkeit etablieren
Die Botschaft auf das Medium abstimmen
Leistungen übertragen

8. Früh ankommen und vorbereitet sein

9. Einen Zeitplan erstellen und Pausen einlegen

10. Prioritäten Wichtige Aufgaben

11. Bewahre deine Zeit

12. Stapelverarbeitungsaufgaben

14. Weiterlernen

15. Ablenkungen und Unterbrechungen ausschließen

16. Aufgaben delegieren

17. Beginnen Sie Ihren Tag produktiv

18. Feste Zeiten für Besprechungen und Emails

19. Ineffiziente Arbeitsweisen ändern

20. Fragen Sie sich selbst: "Ist das wesentlich?"

21. Gesund bleiben

22. Arbeiten Sie mit Ihrem Energielevel

23. Verstehen Sie Ihre Grenzen

24. Vertrauen Sie Ihren Fähigkeiten und Ihrer Intuition

25. Einen persönlichen Entwicklungsplan erstellen

26. Netzwerk

27. Realistisch sein

28. Visualisieren Sie Ihr Ziel

29. Beschatten Sie einen Mitarbeiter oder versuchen Sie es mit einer Abordnung

30. Sich selbst zur Verantwortung ziehen

GEHEIMTIPPS, DIE SIE FÜR SOZIALEN EINFLUSS KENNEN SOLLTEN

Der ultimative Leitfaden zur Steigerung Ihres Einflusses am Arbeitsplatz (oder anderswo)

14 PSYCHOLOGISCHE TRICKS, UM MENSCHEN DAZU ZU BRINGEN, DAS ZU TUN, WAS SIE WOLLEN

1. Verwenden Sie eine "Lockvogel"-Option, um Menschen zum Kauf Ihres Produkts zu bewegen

2. Das Umfeld verändern, damit die Menschen weniger egoistisch handeln

3. Ahmen Sie die Körpersprache der Leute nach, damit sie Sie mögen

4. Um einen Argumentationsgegner davon zu überzeugen, Ihnen zuzustimmen, sprechen Sie schnell.

6. Leute um Gefallen bitten, wenn sie müde sind, um sie zur Zusammenarbeit zu bewegen

7. Ein Bild der Augen zeigen, um Menschen zu ethischem Verhalten zu bewegen

8. Um jemanden zu überzeugen, sein Verhalten zu ändern, verwenden Sie Substantive anstelle von Verben.

9. Mach den Leuten Angst, damit sie dir geben, was du brauchst

10. Um Ihren Verhandlungspartner davon zu überzeugen, Ihr Angebot anzunehmen, konzentrieren Sie sich darauf, was er zu gewinnen hat.

11. Zeigen Sie den Leuten die extremen Versionen ihrer Ansichten

13. Berühre sie sanft

14. Sagen Sie ihnen, dass es ihnen freisteht, sich nicht zu fügen

WIE MAN DIE PROKRASTINATION STOPPT

Was ist Prokrastination?

Warum prokrastinieren wir?

Die Prokrastinations-Aktionslinie

Wie man jetzt mit dem Aufschieben aufhört

Option 1: Die Belohnungen für das Ergreifen von Maßnahmen unmittelbarer machen

Option 2: Die Folgen der Prokrastination unmittelbarer machen

Option 3: Gestalten Sie Ihre zukünftigen Aktionen

Option 4: Die Aufgabe besser bewältigbar machen

Konsequent sein: Wie man sich von der Prokrastinationsgewohnheit befreit

Expertenempfehlungen für einen produktiven Tagesablauf

Das macht sie so effektiv:

Wie man chronische Prokrastination mit visuellen Hinweisen vermeidet

SCHLUSSFOLGERUNG

EINFÜHRUNG

Schüchternheit und Hemmungen behindern Ihren Fortschritt und Ihren Erfolg. Machen Sie sich Sorgen über die kleinsten Details? Fühlen Sie sich unwohl, wenn Sie mit Fremden zu tun haben, und sogar, wenn Sie mit Menschen zu tun haben, die Sie kennen? Ihre Hemmungen könnten das größte Hindernis für das Erreichen Ihrer Ziele und Wünsche sein. Sie werden nicht mit solchen Hindernissen geboren, aber die Lebensumstände zwingen Sie in ein Schneckenhaus, was es Ihnen schwer macht, sich zu öffnen. Die Überwindung der Schüchternheit kann Ihnen das Selbstvertrauen geben, das Sie schon immer gebraucht haben, denn Hemmungen sind nur eine soziale Angewohnheit und keine dauerhafte Eigenschaft. Wenn der Wille da ist, wird der Weg offensichtlich sein. Das Sprichwort stimmt: Wenn Sie den Wunsch haben, auch das scheinbar Unmögliche zu erreichen, können Sie es schaffen. Nichts wird deine Willenskraft brechen können.

Sind Sie besorgt darüber, welche Medikamente zur Behandlung dieser Art von Verhalten eingesetzt werden könnten? Ja, es ist heilbar, aber nicht mit irgendeiner Art von Behandlung. Da Schüchternheit und Hemmungen keine Krankheiten sind, sind Medikamente keine brauchbare Behandlungsmöglichkeit. Es liegt an Ihrem Inneren, sich darauf einzulassen, eine Beziehung mit dem Rest der Welt einzugehen. Alles andere wird sich von selbst regeln, sobald Sie sich dazu entschlossen haben und einen Schritt nach vorn machen. Selbstverbesserung kann Ihnen helfen, Ihre Sorgen zu überwinden und Sie immer in die beste Position zu bringen, um mit Ihrem Charisma erfolgreich zu sein.

Die Präsentation von Informationen vor Gruppen von Mitarbeitern, Kunden, Lieferanten oder Interessenten kann einen erheblichen Teil Ihrer Zeit als Unternehmensleiter oder Personalverantwortlicher in Anspruch nehmen. Diese Art der Kommunikation erfordert Übung und den Wunsch, Informationen auf verständliche Weise zu vermitteln.

Sie muss von einer Position des Vertrauens und der Ehrlichkeit ausgehen, d. h. Sie müssen wahrhaftig, echt und konsequent sein. Mit kongruent meine ich, dass Sie das, was Sie in Ihrer Präsentation sagen, mit der Art und Weise, wie

Sie es sagen, und den nonverbalen Hinweisen, die Sie durch Ihre Körpersprache (Mimik, Haltung und Gestik) aussenden, in Einklang bringen sollten.

Ihr Publikum wird mehr auf Ihre Körpersprache und Ihren Tonfall achten als auf das, was Sie wirklich sagen, wenn Ihre Botschaft emotional ist!

Um professionell zu präsentieren, müssen Sie über ein hohes Maß an Selbstbewusstsein, Selbsterkenntnis und Selbstvertrauen sowie über die Bereitschaft zum Lernen verfügen. Sie müssen bereit sein, Ihre eigene Leistung zu bewerten und sich von Personen, denen Sie vertrauen, gezielt kritisieren zu lassen, und Sie müssen aufmerksam zuhören (oder tiefer in die Materie eindringen), bis Sie einige Empfehlungen für die künftige Entwicklung haben.

WARUM IST ES WICHTIG, GUT ZU KOMMUNIZIEREN?

Kommunikation ist entscheidend für Ihren Erfolg in Beziehungen, im Geschäftsleben, als Bürger Ihres Landes und in Ihrem gesamten Leben. Ihre Kommunikationsfähigkeit basiert auf Erfahrung, und obwohl Erfahrung ein guter Lehrmeister sein kann, bieten Ihnen dieser Text und der begleitende Kurs zur Wirtschaftskommunikation eine Fülle von Erfahrungen, die von Experten im Laufe ihrer Karriere gesammelt wurden. Profitieren Sie von deren Erfahrungen und werden Sie jetzt zu einem erfolgreicheren Kommunikator.

Die Unternehmenskommunikation kann als ein Problemlösungsprozess betrachtet werden, bei dem Menschen auf folgende Fragen antworten können:

- Wie ist die Lage?
- Welche möglichen Kommunikationsstrategien gibt es?
- Was ist die beste Vorgehensweise?
- Wie lässt sich die gewählte Botschaft am besten gestalten?
- Wie lässt sich die Botschaft am besten vermitteln?

Kommunikation hat Einfluss auf die Sichtweise auf sich selbst und andere

Wir alle haben ein starkes Bedürfnis zu kommunizieren. Der Prozess des Verstehens und Übermittelns von Bedeutung könnte als Kommunikation bezeichnet werden. Was Sie sagen und wie Sie es ausdrücken, sowohl mündlich als auch schriftlich, hat eine Bedeutung für Sie. Wie würde das Leben aussehen, wenn Sie nicht kommunizieren könnten? Eine nicht enden wollende Aneinanderreihung von Ärgernissen? Nicht in der Lage zu sein, um das zu bitten, was Sie wollen, oder gar die Forderungen anderer zu verstehen?

Wenn Sie nicht in der Lage sind, sich mitzuteilen, kann das bedeuten, dass Sie ein Stück von sich selbst verlieren, denn Ihr Selbstkonzept - Ihr Gefühl für sich selbst und Ihr Wissen darüber, wer Sie sind - wird auf vielfältige Weise kommuniziert. Schreiben Sie gerne? Fällt es Ihnen leicht, mit einem Fremden zu telefonieren oder mit einer großen Gruppe von Menschen zu sprechen?

Vielleicht hat Sie schon jemand darauf hingewiesen, dass Sie nicht richtig sprechen oder dass Ihre Grammatik verbessert werden muss. Ist das etwas, das Sie dazu bringt, mehr oder weniger zu kommunizieren? Für die einen mag es eine motivierende Aufgabe sein, für die anderen eine enttäuschende. In allen Situationen ist Ihre Kommunikationsfähigkeit jedoch entscheidend für Ihr Selbstwertgefühl.

Schauen Sie sich an, was Sie tragen. Was sind die Namen der Marken, die Sie tragen? Was glauben Sie, was die Leute über Sie denken? Glauben Sie, dass bestimmte Schuhmodelle, Schmuckstücke, Tattoos, Musik oder sogar Fahrzeuge Ihre Persönlichkeit widerspiegeln? Vielleicht kommunizieren Sie sich selbst durch SMS, das Verfassen längerer Dokumente wie Aufsätze und Forschungsarbeiten oder die Art und Weise, wie Sie sprechen, als Teil Ihres Selbstkonzepts.

Ihre Kommunikationsfähigkeiten hingegen helfen Ihnen, andere zu verstehen - nicht nur ihre Worte, sondern auch ihr Tonfall, ihre nonverbalen Gesten und der Stil ihrer schriftlichen Unterlagen geben Ihnen Hinweise darauf, wer sie sind und welche Überzeugungen und Prioritäten sie haben könnten. Um ein guter Kommunikator zu sein, muss man auch aktiv zuhören und lesen.

Kommunikation beeinflusst, wie Sie lernen

Als Baby haben Sie über einen Zeitraum von Monaten sprechen gelernt. Als Erwachsener haben Sie nicht in einem einzigen Augenblick gelernt, Fahrrad zu fahren, ein Auto zu lenken oder gar eine Nachricht auf Ihrem Handy zu verschicken. Sie müssen an die Entwicklung Ihrer Sprech- und Schreibfähigkeiten in dem Bewusstsein herangehen, dass dies Zeit, Mühe und Selbstkorrektur erfordert.

Sie lernen, vor einem Publikum zu sprechen, indem Sie zunächst Diskussionen führen, dann Fragen beantworten und Ihre Ideen im Unterricht zum Ausdruck bringen und schließlich eine "Stegreifrede" vorbereiten und halten. In ähnlicher Weise lernen Sie zu schreiben, indem Sie zunächst lesen, dann schreiben und kritisch denken lernen. Ihre Ansichten, Erfahrungen und Ihre Bildung spiegeln sich in Ihrer Rede und Ihrem Schreiben wider. Ihre Erfahrung beim Zuhören anderer Redner, beim Lesen von Aufsätzen und Schreibstilen sowie bei der Recherche nach Formen, die mit dem vergleichbar sind, was Sie schreiben wollen, sind alles Faktoren in diesem Mix.

Vielleicht erhalten Sie während Ihres Studiums der Unternehmenskommunikation von erfahreneren Rednern und Schriftstellern Anregungen zur Verbesserung und Klarheit. Nehmen Sie deren Kritik als Chance, sich weiterzuentwickeln; geben Sie nicht auf, wenn Ihre erste Rede oder Ihr erstes Manuskript nicht die gewünschte Botschaft vermittelt. Machen Sie weiter, bis Sie den Nagel auf den Kopf getroffen haben. Ihre Fähigkeit, effektiv zu kommunizieren, ist ein Talent, das Sie in fast jedem Bereich der Arbeitswelt einsetzen können und das einen erheblichen Einfluss auf Ihre zwischenmenschlichen Beziehungen haben kann.

Denken Sie daran, dass Glück nur das Ergebnis einer Mischung aus Planung und Timing ist. Wenn die Zeit gekommen ist, sollten Sie darauf vorbereitet sein, effektiv zu sprechen. Ihr Erfolg wird Ihnen jedes Mal mehr Erfolg bringen, wenn Sie gute Arbeit leisten.

Kommunikation repräsentiert Sie und Ihren Arbeitgeber

Sie möchten einen guten ersten Eindruck bei Ihren Freunden und Ihrer Familie, aber auch bei Ihren Lehrern und Ihrem Chef hinterlassen. Jeder möchte, dass Sie ein positives Bild von sich vermitteln, weil es auf ihn zurückfällt. Während Ihrer gesamten beruflichen Laufbahn werden Sie Ihre Organisation oder Ihr Unternehmen sowohl in mündlicher als auch in schriftlicher Form repräsentieren. Ihre Professionalität und Ihre Liebe zum Detail werden sich positiv auf Sie auswirken und Ihnen zum Erfolg verhelfen.

Sie werden davon profitieren, dass Sie in der Lage sind, sich sowohl in Wort als auch in Schrift richtig zu verständigen. Sie werden diese Talente für den Rest Ihres Lebens nutzen. Die Verbesserung dieser Fähigkeiten wird sich positiv auf Ihre Beziehungen, Ihre Karrierechancen und Ihre Fähigkeit, in der Welt etwas zu bewirken, auswirken.

Kommunikationsfähigkeiten sind in Wirtschaft und

Industrie gefragt

In Umfragen unter Arbeitgebern gehören mündliche und schriftliche Kommunikationsfähigkeiten Jahr für Jahr zu den zehn begehrtesten Talenten. Hochrangige Führungskräfte engagieren häufig Berater, die ihnen helfen, ihre Kommunikationsfähigkeiten zu verbessern.

Die fünf wichtigsten persönlichen Eigenschaften oder Talente, die sich potenzielle Arbeitgeber wünschen, sind die folgenden:

- Kommunikationsfähigkeit (mündlich und schriftlich)
- Hohe Arbeitsmoral
- Teamfähigkeit (gute Zusammenarbeit mit anderen, Kommunikation in der Gruppe)
- Initiative
- Analytische Fähigkeiten

Daraus können Sie ersehen, wie die Verbesserung Ihrer mündlichen und schriftlichen Ausdrucksfähigkeit Ihnen helfen kann, erfolgreicher zu sein und Ihre Aufstiegschancen zu verbessern.

SELBSTBEWUSST KOMMUNIZIEREN - TECHNIKEN ZUR ÜBERWINDUNG IHRER "EINGEBILDETEN" ÄNGSTE

Kommunikation ist meiner Meinung nach einer der wichtigsten Schlüssel zum Erfolg im Beruf, im Unternehmen, in der Ehe und in der Freundschaft. Das Thema, das ich in diesem Kapitel behandeln werde, sind jedoch die Hindernisse, die uns daran hindern, im Beruf effektiv und selbstbewusst zu kommunizieren.

Kommunikation an sich ist das, was es mindestens zwei Personen ermöglicht, miteinander zu kommunizieren und somit an einem gemeinsamen Ziel zu arbeiten. Ob es sich um eine Freundschaft, eine Ehe, ein Geschäft oder eine soziale Aktivität handelt, Kommunikation ist das, was es mindestens zwei Personen mit unterschiedlichem Hintergrund und höchstwahrscheinlich auch mit unterschiedlichen Lebenszielen ermöglicht, sich für kurze oder lange Zeit auf eine bestimmte Aktivität einzulassen, um ein gemeinsames Ziel zu erreichen. Vor der Entwicklung eines neuen Produkts müssen sich das Marketing- und das Produktionsteam treffen, um sich über das Design zu verständigen; das ist Kommunikation.

Beginnen wir mit einer Definition dessen, was ich mit "selbstbewusst kommunizieren" meine. Selbstbewusstes Kommunizieren bedeutet, dass man Wissen, das man bereits hat, mühelos abrufen und ausdrücken kann. Es geht darum, eine Art "Rednerblockade" zu vermeiden oder zumindest zu minimieren, d. h. wenn man bereits etwas weiß, aber Schwierigkeiten hat, es abzurufen und zu vermitteln.

Es gibt zwei Hauptfaktoren, die uns daran hindern, effektiv zu kommunizieren: Erstens, mangelnde Kenntnisse und Fähigkeiten in Bezug auf das zu besprechende Thema. Ich bin mir nicht sicher, wie ich Ihnen bei diesem Aspekt helfen kann, außer zu sagen, dass Sie sich immer vorbereiten sollten, bevor Sie sich auf eine Interaktion einlassen - sich auskennen, Ihre Hausaufgaben machen - oder, mit anderen Worten, kompetent sein. Die zweite Ursache ist das "emotionale Rauschen", wie ich es nenne. Emotionales Rauschen ist der psychologische Einfluss "negativer" Emotionen, der es Ihnen erschwert, bereits vorhandenes Wissen abzurufen, und Sie so daran hindert, das, was Sie bereits wissen, bestmöglich zu vermitteln. Der Schwerpunkt meiner Ausführungen in diesem Kapitel liegt auf dem zweiten Grund.

Der Feind: Emotionaler Lärm

Emotionaler Lärm führt dazu, dass die meisten Menschen, die Schwierigkeiten haben, effektiv zu sprechen, sich im Idealfall in einer Diskussion nicht vollständig ausdrücken können. Infolgedessen sind sie in manchen Fällen nicht in der Lage, ihren Standpunkt wirksam zu vermitteln. Wegen der emotionalen Kakophonie der "Angst" halten sie sich instinktiv zurück, bevor sie überhaupt zu sprechen beginnen.

Das Gehirn weist die Mundmuskeln an, etwas auszusprechen, womit der psychologische Denkprozess der Kommunikation beginnt. Dazu muss das Gehirn zunächst auf seine Denk- und Gedächtniszentren sowie auf Emotionen (emotionales Rauschen) zugreifen, die ihm helfen zu organisieren, was es den Mundmuskeln sagen will. Beim Zugriff auf die Denk- und Gedächtnisregionen des Gehirns stößt es jedoch auf emotionales Rauschen, das eine negative Wolke darstellt. Das Gehirn ist nicht in der Lage, auf einige oder alle Elemente des Gedächtnisses zuzugreifen, oder noch schlimmer, auf die Denkkomponente des Gehirns, als Folge der negativen Wolke. Infolgedessen fällt es dem Einzelnen schwer, das, was er weiß und mitteilen möchte, so effektiv wie möglich zu vermitteln.

Was ich damit sagen will, ist, dass, wenn Sie Schwierigkeiten haben, effektiv zu kommunizieren, es an unnötiger Angst oder Zurückhaltung liegen könnte, die Sie daran hindert, das Wissen in Ihrem Kopf vollständig abzurufen und zu erklären, was Sie wissen.

Viele Menschen erleben dies täglich und in verschiedenen Kommunikationssituationen. Dies sind einige Beispiele für solche Situationen:

Kommunikation am Arbeitsplatz.

Wenn Sie im Büro mit Ihren Vorgesetzten zu tun haben, haben Sie das Gefühl, dass man Sie herabwürdigt, noch bevor das Gespräch beginnt. Sie sind hin- und hergerissen zwischen Gefühlen des Respekts und des Schreckens. Wenn Sie sich mit Ihren Kollegen oder Untergebenen unterhalten, können Sie Ihren

Gedanken nicht so frei freien Lauf lassen. Sie haben Zugang zu Informationen, die besonders schwer zu beschaffen sind.

Lampenfieber.

Die Angst, vor einer großen oder auch nur kleinen Gruppe von Menschen zu sprechen. Sie haben Angst, zu stottern und zu vergessen, was Sie sagen wollen, oder dass Sie nicht richtig gekleidet sind oder nicht gut genug aussehen, um in der Öffentlichkeit gut dazustehen, oder dass Sie Dinge sagen, die das Publikum schon kennt und die für es nicht von Wert sind.

Ablehnung von Verkaufsgesprächen.

Die Angst, von einem Kunden abgelehnt zu werden, bevor man ihn überhaupt getroffen hat. Dies führt zu Spannungen, weil man dem Kunden entweder unsystematisch zu viele Optionen oder zu wenige Lösungen anbietet, so dass man das Geschäft nicht abschließen oder einen erfolgreichen Verkauf tätigen kann.

Wenn Sie die Grafik mit der obigen Liste von Kommunikationsschwierigkeiten vergleichen, werden Sie feststellen, dass unser Versagen, richtig zu kommunizieren, in den meisten Fällen durch emotionalen Lärm oder unerwünschte negative Gefühle verursacht wird, die uns überwältigen und uns daran hindern, uns vollständig auszudrücken.

Die Lösung zur Überwindung des Feindes: "Emotionaler Lärm".

Was können Sie jetzt tun, da Sie sich des Vorhandenseins von "emotionalem Lärm" bewusst sind oder sich dessen immer mehr bewusst werden? Ich glaube, es gibt nur drei Methoden, die Ihnen helfen können, das emotionale Rauschen zu überwinden und Ihre Kommunikationseffizienz zu steigern.

1. Fixieren Sie Ihren Glauben

Bringen Sie Ihren Glauben in Ordnung. Das ist richtig! Wahrscheinlich haben Sie von dieser Lösung schon in früheren Büchern zur Selbstverbesserung gehört oder gelesen. Doch genau hier beginnt alles. Der Glaube ist der

Grundstein, der Ausgangspunkt für das Erreichen Ihres Ziels (Ihrer Ziele). Und die Überzeugung, die Sie in sich selbst verankern müssen, ist, dass jeder Mensch mit der Fähigkeit geboren wird, die Botschaft, die er vermitteln möchte, richtig zu erklären. Es ist ihr Recht, es ist IHR Recht, und es ist ein Verlust auf Ihrer Seite, wenn Sie dieses Recht nicht in Anspruch nehmen.

Anregung zum Nachdenken: In der Leichtathletik ist das Erfolgsrezept zu 80 Prozent mental (Selbstvertrauen) und zu 20 Prozent physisch.

2. Glaube daran, dass niemandes Leben perfekt ist

Niemand ist ohne Makel. Jetzt denken Sie wahrscheinlich: "Was zum Teufel ist hier los? Dieser Mann schlug zunächst etwas Gutes vor, wie "glauben", aber jetzt macht er einen Rückzieher und fügt hinzu: "Niemand ist perfekt...". " Nein! Das ist nichts, was ich empfehlen würde. Was ich meine, ist, dass die Person auf der anderen Seite des Tisches nicht makellos ist. Ich glaube, dass das Leben von niemandem makellos ist; es ist unsere Illusion, anzunehmen, dass die andere Person oder die Personen, mit denen wir uns unterhalten oder sprechen, ein besseres oder gar perfektes Leben führen als wir. Es ist dieses illusorische Denken, das eine imaginäre Barriere geschaffen hat, die uns daran hindert, uns vollständig auszudrücken, indem sie uns daran hindert, auf unsere Erinnerungen und unser Denken zuzugreifen; Gott sei Dank ist sie nur imaginär.

Erlauben Sie mir, eine Geschichte über einen Kumpel zu erzählen, dem ich geholfen habe, damit Sie meinen zweiten Punkt besser verstehen können. Aus Gründen der Vertraulichkeit habe ich einige Teile der Geschichte geändert:

Arina Summers, eine leitende Projektmanagerin mittleren Alters bei einem der führenden indonesischen Technologie-Werbeunternehmen, ist die Protagonistin der Erzählung. Arina arbeitet seit weniger als zwei Jahren bei dem Unternehmen und hat sich bereits das Lob des Vorstands eingehandelt. Infolgedessen wurde Arina gelegentlich gebeten, an den Vorstandssitzungen teilzunehmen. Auch nach vielen Sitzungen fühlt sie sich immer noch ein wenig "minderwertig" und hat Angst, sich in Gruppendiskussionen zu Wort zu melden. Vor allem nach der letzten Sitzung, in der sie sich mit dem CFO und dem COO heftig gestritten hatte, wobei auch mit dem Finger auf sie gezeigt wurde. Seit dieser letzten Sitzung hat Arina Angst, an der nächsten

Sitzung teilzunehmen, weil sie befürchtet, etwas Falsches zu sagen oder sich unangemessen zu verhalten. Sie hat Angst, wieder beschuldigt zu werden, selbst für Dinge, die nicht ihre Schuld sind, und sie hat mir gegenüber ihre Sorge zum Ausdruck gebracht.

Nachdem ich ihre Erzählung gehört hatte, während sie im morgendlichen Berufsverkehr in Jakarta feststeckte, erzählte ich ihr Folgendes:

"... Rina, so wie ich es höre, und das ist ein Problem, das viele Leute haben, nicht nur du, ... das Problem ist, dass du davon ausgehst ..." Was genau meine ich damit? Ich meine, dass Ihre Befürchtung, an der Sitzung teilzunehmen, daher rührt, dass Sie sich davor fürchten, sich auf ein hitziges Gespräch mit Personen auf Direktorenebene einzulassen. Ich verstehe das und weiß es nicht, aber ich sehe einen schmalen Grat zwischen "Respekt vor Ihren Vorgesetzten" und "Angst vor Ihren Vorgesetzten", weil Sie um Ihre Karriere besorgt sind. Diese Angst wird durch die Tatsache verstärkt, dass sich viele Menschen von ihrem Gegenüber dominiert fühlen. Ich bin überwältigt von der Tatsache, dass "hier ein CFO ist, der einen fantastischen Job hat und wahrscheinlich in einer anderen, besseren Lebensklasse lebt; also werde ich einfach nur dasitzen und schweigen". Selbst wenn sie mich etwas fragen, bin ich mir nicht sicher, ob das, was ich antworte, dem Treffen angemessen ist.

Aber die Sache hat einen Haken: Es muss einen Grund geben, warum man Sie überhaupt zu dem Treffen eingeladen hat, nämlich weil man glaubt, dass Sie etwas Nützliches beitragen können. Wenn es also immer noch ein Wunsch von Ihnen ist, COO des Unternehmens zu werden, dann sollten Sie es versuchen. Geben Sie alles, was Sie haben. Ein Rückschritt ist keine Option", sagen Sie in Gedanken.

Ich erinnerte Arina daran, dass niemandes Leben makellos ist, und bestärkte sie in ihrer Überzeugung von ihrem beruflichen Ziel. Aufgrund dieser "imaginären" Angst zögern viele in Arinas Position, ihre Sorgen offen und professionell mit den Direktoren zu teilen. Der Status dieser Person ist höher als meiner, und sein Leben ist besser als meines, also verdiene ich es nicht, ihn zu konfrontieren", so die Denkweise.

Aber hier liegen Arina und andere völlig falsch! Niemandes Leben ist ohne Makel. Dieser Satz ist wirklich zutreffend, und wenn du ihn nicht vollständig akzeptierst, bedeutet das, dass du nicht ganz verstehst, was er bedeutet. Erlauben Sie mir, das zu erklären. Gott ist immer gerecht, ganz gleich, was geschieht. Gott ist insofern gerecht, als er jedem von uns die gleiche Zeit zuteilt. Jedem Menschen sind 24 Stunden zugeteilt, und Gott ist in dieser Hinsicht gerecht. Jeder Mensch hat im Leben die gleichen Chancen und Möglichkeiten, weil er die gleichen endlichen Ressourcen hat. Nehmen Sie zum Beispiel das Leben eines Vorstandsvorsitzenden; sind Sie sicher, dass Sie seinen Job wollen? Ein CEO arbeitet jeden Tag mindestens 12 Stunden, einschließlich der Wochenenden, und nimmt sogar mitten in der Nacht Anrufe von Geschäftsinhabern oder Interessengruppen im Ausland entgegen. Außerdem sind sie in den meisten Fällen viel auf Reisen. Die Zeit, die man mit der Familie verbringt, wird drastisch reduziert.

Stellen Sie sich diese Existenz im Vergleich zu der eines Firmenchefs vor; stellen Sie sich ihre täglichen Aktivitäten vor. Obwohl ein Manager über weniger materielle Mittel verfügt als ein CEO, wird er oder sie in den meisten Fällen mehr Zeit für die Familie oder andere Dinge haben. Außerdem stehen die Freunde und/oder Familienmitglieder des CEOs ihm vielleicht nicht so nahe wie die Freunde und/oder Familienmitglieder des CEOs. Infolgedessen profitiert der CEO von der einen Seite und verliert von der anderen; ebenso profitiert der Manager von der einen Seite und verliert von der anderen. Wenn der CEO keine Opfer bringt, deutet dies darauf hin, dass er entweder in der Vergangenheit Opfer gebracht hat (und dafür bezahlt hat) oder dass er in Zukunft Opfer bringen wird. Denn jeder hat nur eine begrenzte Menge an Zeit, die er für seine zahlreichen Aufgaben im Leben aufwenden kann, und die aktuelle Situation wird durch die Aktivitäten geprägt, die Sie in der Vergangenheit oder Gegenwart ausüben oder ausgeübt haben,

Andererseits können ähnliche Schwächen (z. B. ein Mangel an Freunden und familiären Beziehungen) für eine Führungskraft von Bedeutung sein, während sie für den Vorstandsvorsitzenden möglicherweise nicht relevant sind. Dies führt uns zu dem Konzept des "persönlichen Wertes" sowie zu einem anderen Sprichwort: "Alles hat seine Zeit, für jeden.

Mein zweiter Gesichtspunkt zu meinem Ratschlag, "niemandes Leben ist makellos", ist, dass Sie vielleicht nicht wissen, was im Leben eines anderen vor sich geht. Arina befürchtet, dass der CFO oder COO eine turbulente Scheidung durchmacht, dass bei ihm aufgrund von jahrelangem Stress Herzprobleme diagnostiziert wurden oder dass es seiner Oma, die er sehr liebt, nicht gut geht.

Es gibt so viele Möglichkeiten in unserem Leben, und nur Gott, der gerecht ist, kennt die Antworten.

Was ich Arina also vermitteln möchte, ist, dass der CFO oder COO ein Mensch ist, kein Superheld, und dass sie sich lediglich auf offene und ehrliche Gespräche nach bestem Wissen und Gewissen einlassen sollte. Das ist meine Empfehlung.

Anregung zum Nachdenken: "Wenn zwei Personen zusammen in einem Raum sind und eine gute Verbindung besteht, wird die Person, die am sichersten ist, immer einen Einfluss auf die andere haben." Anthony Robbins

3. Glaube und Praxis, Praxis, Praxis

Dies ist die dritte Option. Es geht mehr darum, die ersten beiden Optionen zu unterstützen. Ändern Sie sich, damit Sie anfangen, an sich selbst zu "glauben" und Ihren Geist zu öffnen, um die Wahrheit anzunehmen, dass "das Leben fair ist", und Sie werden von einem Leben voller Druck befreit, der durch "emotionalen Lärm" verursacht wurde, der den eingebildeten Terror hervorrief. Ja, ich glaube, dass Veränderung sofort eintreten kann, aber sie wird einfach als "Initiative" bezeichnet. Es braucht Zeit, damit sich Veränderungen über einen längeren Zeitraum oder auf Dauer einstellen. Zeit, die Sie brauchen, um Ihre "Veränderung" zu vollziehen, bis sie Ihnen zur zweiten Natur wird und Sie sie unbewusst, als Gewohnheit, tun. Hier kommt Ihre Überzeugung ins Spiel: Wenn Sie glauben, dass diese Veränderung für Sie von Vorteil ist und dass Sie sich vorstellen können, die Veränderung zur "Gewohnheit" zu machen, dann wird diese Überzeugung als ständiger Katalysator wirken und dafür sorgen, dass Sie es nicht vergessen oder aufhören zu üben und sich zu verbessern.

SCHÜCHTERNHEIT UND SOZIALPHOBIE

Was ist eine soziale Phobie?

Schüchternheit ist eine typische Form der moderaten Angst, und solange sie bescheiden ist, wird sie Ihr Leben nicht ruinieren. Viele von uns sind nervös, wenn wir neue Menschen treffen, aber wenn wir erst einmal mit ihnen zusammen sind, merken wir, dass wir mit dem Szenario umgehen können und es sogar genießen. Eine Angst ist auch eine Phobie. Wir alle haben Phobien vor Dingen wie Höhenangst oder Spinnen, aber in den meisten Fällen hindern uns diese Ängste nicht daran, unsere Ziele zu erreichen. Wenn eine Angst uns daran hindert, etwas zu genießen oder mühelos zu tun, wird sie zu einer Phobie.

Bei einer Sozialphobie fühlt man sich in der Nähe anderer Menschen extrem unwohl, weil man im Allgemeinen Angst vor ihnen hat:

- Sie könnten Ihnen gegenüber kritisch sein;
- Sie könnten etwas Peinliches tun.

Das kann so weit gehen, dass man nicht mehr unter Menschen sein oder vor ihnen sprechen möchte. Sie versuchen, sich um jeden Preis von sozialen Situationen fernzuhalten.

Dieses Material erklärt, was es bedeutet, eine soziale Phobie zu haben, wie man sie überwinden kann und wo man Hilfe bekommt.

Die soziale Phobie kann in zwei Arten unterteilt werden.

Allgemeine Sozialphobie

Sie:

- Seien Sie besorgt, dass andere Sie anstarren und beobachten, was Sie tun.
- Ich hasse es, Fremden vorgestellt zu werden.
- Sie haben Schwierigkeiten, Geschäfte oder Restaurants zu betreten.
- Sie sind verlegen, wenn sie in der Öffentlichkeit essen oder trinken.
- Sie wollen nicht an den Strand gehen, weil Sie sich schämen, sich in der Öffentlichkeit auszuziehen.
- Sie sind nicht in der Lage, anderen gegenüber aggressiv zu sein, selbst wenn Sie wissen, dass Sie es sein sollten.

Partys können eine besondere Herausforderung sein. Auch wenn wir uns darauf gefreut haben, haben viele von uns ein wenig Angst davor, einen Raum voller Menschen zu betreten. Da man nicht "hineingehen" kann, hält man sich vielleicht lieber am Eingang oder außerhalb der Räume auf, wenn man eine Sozialphobie hat. Manche Menschen glauben fälschlicherweise, dass sie deshalb klaustrophobisch sind.

Wenn Sie schließlich einen Raum mit anderen Menschen betreten, haben Sie den Eindruck, dass Sie von allen angestarrt werden. Es ist möglich, dass Sie einen Drink brauchen, bevor Sie in eine Bar oder auf eine Party gehen, um sich genug zu entspannen, um sie zu schätzen.

Spezifische soziale Phobie

Menschen, die lebenslang im Mittelpunkt der Aufmerksamkeit stehen müssen, wie Verkäufer, Schauspieler, Sänger, Lehrer oder Gewerkschaftsfunktionäre, können diese Erfahrung machen. Wenn Sie eine bestimmte Sozialphobie haben, werden Sie vielleicht feststellen, dass Sie sich leicht unter andere mischen und mit ihnen in Kontakt treten können.

Wenn Sie jedoch vor Menschen sprechen oder auftreten müssen, werden Sie äußerst nervös, stottern oder sind völlig "vertrocknet". Selbst diejenigen, die es gewohnt sind, in der Öffentlichkeit zu sprechen und dies regelmäßig tun, können davon betroffen sein. Im schlimmsten Fall kann es schwer sein, überhaupt in der Öffentlichkeit zu sprechen, geschweige denn eine Frage zu stellen.

Wie fühlt sich eine soziale Phobie an?

Die Angstsymptome sind bei beiden Formen der sozialen Phobie identisch. Sie befinden sich in der folgenden Situation:

- Zu sehr darauf bedacht sein, sich vor anderen lächerlich zu machen.
- Sie fühlen sich extrem nervös, bevor Sie eine soziale Umgebung betreten, die Ihnen Angst macht.
- Sie gehen alle demütigenden Dinge, die Ihnen passieren könnten, sehr detailliert durch.
- Nicht in der Lage zu sein, das auszudrücken oder zu tun, was man möchte.
- Sie ärgern sich darüber, wie Sie ein Problem behandelt haben, nachdem es aufgetreten ist. Sie gehen vielleicht immer wieder durch, wie Sie sich anders hätten verhalten oder etwas anders sagen können.

Viele körperliche Symptome sind bei beiden Formen der sozialen Phobie gleich. Sie könnten es bekommen:

- Ein sehr trockener Mund

- Schwitzen
- Herzklopfen
- Herzklopfen (das Gefühl, dass Ihr Herz unregelmäßig schlägt).
- Der Wunsch, Wasser abzulassen oder den Darm zu entleeren
- Taubheitsgefühl oder Nadelstiche in den Fingern und Zehen (dies geschieht, weil Sie zu schnell atmen).

Einige der Symptome der Nervosität, wie Erröten, Stottern, Zittern und Beben, können für andere sichtbar sein. Diese Anzeichen können beunruhigend sein und Ihre Sorgen verstärken. Sie können zu einer sich selbst erfüllenden Prophezeiung werden.

Sie sind so besorgt darüber, besorgt zu wirken, dass Sie tatsächlich besorgt wirken. Die Sorge ist Ihr tödlichster Widersacher.

Wenn Sie eine Panikattacke erleben

Diese Empfindungen können zu einer Panikattacke führen, wenn Sie unter einer der beiden Arten von Sozialphobie leiden. Dabei handelt es sich um einen kurzen Moment intensiver Angst, der in der Regel nur ein paar Minuten dauert und in dem Sie Angst haben, die Kontrolle zu verlieren.

Du könntest denken, dass du verrückt wirst oder stirbst. Sie werden fast immer versuchen, sich aus den Umständen zu befreien, die sie verursacht haben. Diese Empfindungen erreichen ihren Höhepunkt, bevor sie schnell wieder abklingen und Sie sich schwach und müde fühlen. Obwohl diese Anfälle beängstigend sind, enden sie schließlich und Sie werden nicht körperlich geschädigt.

Wird Ihre Selbstwahrnehmung durch eine soziale Phobie beeinflusst?

Es ist anstrengend, eine soziale Phobie zu haben, da andere Menschen scheinbar in der Lage sind, Dinge zu tun, die man selbst als schwierig empfindet.

Sie sind vielleicht besorgt, dass andere Sie langweilig finden könnten. Sie sind vielleicht zu sensibel und wollen andere nicht stören. Es ist leicht zu verstehen, dass Sie sich dadurch traurig und melancholisch fühlen. Infolgedessen kann sich die soziale Phobie verschlimmern.

Wie kann sich eine soziale Phobie auf Sie auswirken?

Viele Patienten bewältigen ihre Symptome, indem sie ihr Leben um sie herum planen. Das bedeutet, dass sie (und ihre Familien) auf Aktivitäten verzichten müssen, die sie sonst genießen würden. Sie sind nicht in der Lage, die Schulen ihrer Kinder zu besuchen, einzukaufen oder zum Zahnarzt zu gehen. Selbst wenn sie in der Lage sind, einen schwierigeren und finanziell lukrativeren Job auszuführen, lehnen sie vielleicht absichtlich eine Beförderung am Arbeitsplatz ab.

Etwa die Hälfte der Menschen mit einer schweren Phobie, insbesondere Männer, haben Schwierigkeiten, eine langfristige Partnerschaft einzugehen.

Wie verbreitet ist die soziale Phobie?

Frauen sind zwei- bis dreimal häufiger von sozialer Phobie betroffen als Männer; etwa fünf von hundert Menschen leiden darunter.

Was verursacht soziale Phobie?

Wir wissen es wirklich nicht. Es scheint Leute zu betreffen, die:

- besonders hohe Ansprüche an ihr Verhalten in der Öffentlichkeit haben;
- die als Kind gestottert haben.

Einige Experten glauben, dass es daran liegt, dass die Betroffenen in der natürlichen Phase der Schüchternheit gefangen sind, die jedes Kind zwischen dem dritten und siebten Lebensjahr durchläuft.

Was hält sie am Laufen?

Gedanken: Wenn Sie sich in ein soziales Umfeld begeben, neigen Sie dazu, bestimmte Gedanken aufkommen zu lassen, die Sie ängstlich machen. Dies sind einige von ihnen:

- Regeln für sich selbst - "Ich muss immer klug aussehen und die Kontrolle haben"
- Überzeugungen über sich selbst - "Ich bin langweilig"
- Voraussagen über die Zukunft - "Wenn mich jemand kennenlernt, wird er sehen, wie unzulänglich ich bin".

Sie bringen Sie dazu, Ihr Handeln regelmäßig zu überdenken und zu kritisieren. Solche spontanen Ideen fühlen sich für Sie echt an, obwohl es oft keine Beweise für sie gibt. Sie lassen Sie vielleicht glauben, dass Sie auf andere in einem bestimmten - meist unangenehmen - Licht erscheinen. Das ist aber höchstwahrscheinlich nicht so, wie andere Menschen Sie wahrnehmen.

Sicherheitsrelevante Verhaltensweisen

Dies sind Dinge, die Sie in einem sozialen Umfeld tun können, um sich selbst besser unter Kontrolle zu haben. Sie sind wie folgt:

- Alkoholkonsum
- Vermeiden von Blickkontakt
- Nichts Persönliches über sich selbst sagen

- Zu viele Fragen an die andere Person stellen.

Das Problem bei diesem Ansatz ist, dass er Sie daran hindert, die Wahrheit zu erfahren, dass keine schlimmen Dinge passieren, wenn Sie aufhören, Ihr Verhalten so sehr zu regulieren.

Antizipation und Postmortalität

Wenn Sie immer wieder über ein gesellschaftliches Ereignis nachdenken, sei es vorher oder nachher, neigen Sie dazu, sich mit früheren "Misserfolgen" zu beschäftigen. Das verstärkt Ihre Tendenz, Ihre eigenen Handlungen übermäßig zu analysieren und zu kritisieren.

Behandlungen für soziale Phobie

Es gibt verschiedene Ansätze, um Menschen zu helfen, die unter sozialer Phobie leiden. Je nach Bedarf können Sie diese allein oder gemeinsam anwenden.

Selbsthilfe

- Wenn Sie von Natur aus schüchtern sind, kann es von Vorteil sein, wenn Sie sich für einen Selbstsicherheits- oder Selbstbehauptungskurs vor Ort anmelden.
- Informieren Sie sich mit Hilfe von Büchern, Kassetten, CDs oder DVDs über Entspannungstechniken. Wenn Sie eine dieser Strategien anwenden, wenn Sie anfangen, nervös zu werden, können Sie es vielleicht im Keim ersticken.
- Machen Sie eine Liste mit Ihren automatischen Vorstellungen über sich selbst und den Bildern, die diese Gedanken in Ihrem Kopf hervorrufen. Wenn Sie das getan haben, ist es vielleicht einfacher, sie zu ändern.
- Achten Sie mehr auf das, was andere Menschen sagen, als auf das, was Sie sich selbst sagen.
- Beginnen Sie damit, Ihre "Sicherheitsverhaltensweisen" aufzugeben, angefangen mit den einfachsten.
- Zerlegen Sie ein belastendes Thema von Anfang an in mehrere Schritte. Machen Sie dann den ersten Schritt und üben Sie, sich dabei

wohl zu fühlen - das kann einige Zeit dauern. Dann gehen Sie zum nächsten Schritt über, dann zum nächsten und so weiter.

Diese Dinge lassen sich leichter bewerkstelligen, wenn Sie eines der zahlreichen Selbsthilfebücher über soziale Phobie lesen (siehe die Leseliste am Ende dieser Broschüre).

Psychologische Behandlungen

Training sozialer Kompetenzen

Das kann dazu führen, dass Sie sich in der Öffentlichkeit wohler und sicherer fühlen. Dies wird erreicht, indem einige grundlegende soziale Fähigkeiten vermittelt werden, die wir manchmal übersehen, z. B. wie man ein Gespräch mit einem Fremden beginnt. Sie können mit anderen üben und "Feedback" bekommen, d. h. sich selbst beim Üben auf Video beobachten, um ein Gefühl dafür zu bekommen, was sie tun und wie sie auf andere wirken.

Abgestufte Selbstentblößung

Wir alle wissen, dass, egal wie viel Angst Sie in einer bestimmten Situation haben, diese Angst mit der Zeit verschwindet. Diese Methode hilft Ihnen dabei, dies für sich selbst zu erreichen, Schritt für Schritt.

Sie schreiben eine Liste mit allen Szenarien, die Ihnen Angst machen, und ordnen sie in der Reihenfolge der geringsten bis größten Angst ein. Sie beginnen mit dem am wenigsten beängstigenden Umstand und bleiben mit Hilfe Ihres Therapeuten dabei, bis Sie sich nicht mehr nervös fühlen.

Dann geht man zum nächsten, indem man die erschreckenden Umstände einen nach dem anderen in Angriff nimmt. Das geschieht schrittweise, wobei sich die Situation mit jedem Schritt intensiviert und ein wenig mehr Angst macht.

Kognitive Verhaltenstherapie (CBT)

Die Art und Weise, wie wir über Dinge denken, kann uns nervös machen. Deshalb ist die Sozialphobie so eng mit den Ansichten verbunden, die wir über uns selbst, die Welt und die Menschen um uns herum haben. Diese Behandlung hilft Ihnen dabei, Ihre Wahrnehmung von sich selbst und anderen zu verändern.

Der Therapeut wird Ihnen helfen, auf Folgendes zu achten:

- Alle problematischen Regeln, Annahmen oder Prognosen, die Sie regelmäßig anwenden (siehe oben) - sowie die körperlichen Empfindungen, die Sie erleben, wenn sie Ihnen durch den Kopf gehen.
- Alle sicherheitsrelevanten Verhaltensweisen
- Der negative Einfluss, den das ständige Nachdenken über diese Dinge auf Ihr Verhalten hat - und die Verbindung zwischen ihnen und Ihrer Angst.

Nehmen wir den Fall eines Gesprächs, das ins Stocken geraten ist. Wenn Sie unter einer sozialen Phobie leiden, glauben Sie vielleicht, dass es Ihre Schuld ist - Sie haben vielleicht die instinktive Annahme, dass "ich nie etwas zu sagen habe" - und werden deshalb nervös.

In der CBT wird der Therapeut versuchen, Ihnen zu zeigen, dass die andere Person vielleicht auch nichts mehr zu sagen hat. Dies ist eine realistischere und weniger angstauslösende Perspektive auf das Thema. Der Therapeut wird Ihnen helfen, diese Konzepte in Ihrem Alltag zu erproben.

Sie beginnen dann vielleicht, sich darauf zu konzentrieren, wie andere Menschen im wirklichen Leben auf Sie reagieren, anstatt sich vorzustellen, wie sie sich Ihnen gegenüber verhalten. Der Therapeut kann Sie zum Beispiel auffordern, zu sprechen, während Sie sich sagen, dass Sie clever und unterhaltsam aussehen müssen.

Nach ein paar Minuten hören Sie auf und versuchen es erneut, wobei Sie sich dieses Mal darauf konzentrieren, wie der Therapeut auf Sie reagiert, und nicht darauf, was Sie denken.

Andere Ansätze konzentrieren sich auf das Gespräch oder die "anstehende Aufgabe" und nicht auf körperliche Angstgefühle, die Sie möglicherweise empfinden. In der Regel wird jedem Klienten für diese Art der Behandlung ein Therapeut zugewiesen. Die Behandlung kann stationär oder als Tagespatient im Krankenhaus erfolgen, wenn das Problem schwerwiegend ist oder Sie das Haus nicht verlassen können.

Medikation

Antidepressiva

Wenn eine psychologische Methode fehlgeschlagen ist, Sie keine psychologische Strategie verfolgen wollen oder Sie schwer depressiv sind, sollten Medikamente eingesetzt werden.

Die neueren Antidepressiva (SSRI - Selektive Serotonin-Wiederaufnahmehemmer) haben sich bei der Behandlung der sozialen Phobie als wirksam erwiesen, können jedoch in den ersten Wochen Kopfschmerzen und Schwindel hervorrufen. Sie beginnen in der Regel nach 6 Wochen zu wirken, aber es kann bis zu 12 Wochen dauern, bis sie ihre volle Wirkung entfalten.

Die Dosis kann über viele Monate hinweg schrittweise gesenkt werden, wenn sich die Symptome der sozialen Phobie verbessern. Wenn Menschen mit der Einnahme von Antidepressiva aufhören, verschlechtert sich die Situation bei etwa der Hälfte derjenigen, die mit der Einnahme begonnen haben. Monoaminoxidase-Hemmer (MAOIs) können eingesetzt werden, wenn SSRIs nicht wirken. Diese haben jedoch Nachteile.

Sie neigen dazu, den Blutdruck zu senken, so dass Sie sich schwindlig fühlen. Da einige Lebensmittel, wie Käse und Hefeextrakt, schädliche Wechselwirkungen mit bestimmten Medikamenten hervorrufen können, müssen Sie eine spezielle Diät einhalten, bei der diese Lebensmittel ausgeschlossen werden.

Einige Hustenmedikamente, die in der Apotheke erhältlich sind, haben eine vergleichbare Wirkung wie diese Mahlzeiten. RIMAs sind eine neue Generation von MAOI-Medikamenten (Reversible Inhibitoren der Monoaminoxidase - A). Diese scheinen die oben genannten Reaktionen nicht zu verursachen, so dass Personen, die sie einnehmen, essen können, was sie wollen. Andere Antidepressiva scheinen bei der Behandlung von Sozialphobie nicht so gut zu funktionieren.

Betablocker

Diese Medikamente werden in der Regel zur Behandlung von Bluthochdruck verschrieben. Sie können unmittelbar vor einer Begegnung oder einem öffentlichen Auftritt in niedriger Dosierung eingenommen werden, um das körperliche Zittern der Nervosität, das ein Anzeichen für soziale Phobie sein kann, zu lindern.

Beruhigungsmittel

In der Vergangenheit wurden Medikamente wie Valium zur Behandlung einer Vielzahl von Angststörungen eingesetzt. Heute wissen wir, dass sie süchtig machen und keine langfristige Linderung bringen. Sie sollten in den meisten Fällen nicht zur Behandlung sozialer Phobien eingesetzt werden.

Wie wirksam sind die Behandlungen?

Selbsthilfe ohne einen Therapeuten scheint einigen Menschen ein wenig zu helfen, aber sie scheint die Belastung ihres Lebens durch soziale Ängste nicht zu verringern. Wenn Ihre Angst vor sozialen Situationen lästig ist, Sie aber nicht von zu vielen Aktivitäten abhält, könnte dies eine gute Option sein.

Die Selbsthilfe durch Gruppensitzungen scheint wirksamer zu sein, ist aber noch relativ neu.

Etwa die Hälfte der Teilnehmer, die den Kurs abschließen, scheint von der benoteten Selbstbeobachtung zu profitieren, während viele andere nicht davon profitieren.

CBT scheint besser zu sein als SSRI-Medikamente und sollte vor dem Einsatz von Medikamenten angeboten werden.

WIE SIE EINE MENTALE BLOCKADE, DIE IHRE KREATIVITÄT HEMMT, ERKENNEN UND ÜBERWINDEN KÖNNEN

Im Folgenden finden Sie eine Übersicht über die häufigsten mentalen Hindernisse, die Sie davon abhalten, so kreativ zu sein, wie Sie es gerne wären. Welche davon erkennen Sie am ehesten?

1. Selbstzweifel

"Ich fühle mich nie qualifiziert, egal wie qualifiziert ich bin."

Selbstzweifel können sich auf unterschiedliche Weise äußern, z. B. als spezifische Sorge (z. B. Scham oder schlechte Arbeitsqualität), allgemeines Unbehagen oder das Phänomen des Hochstaplers. Selbstzweifel führen dazu, dass Sie sich unqualifiziert fühlen: Unabhängig davon, wie hart Sie daran gearbeitet haben, Ihre Talente zu verbessern, und unabhängig davon, was andere, objektive Parteien sagen mögen, glauben Sie, dass Ihre Arbeit wenig wert ist. Selbstzweifel sind nicht rational, aber sie finden logische Begründungen und führen sie Ihnen vor Augen. Sie wissen vielleicht gar nicht, wie schwach diese Argumente sind, denn das spielt sich alles in Ihrem Gehirn ab.

2. Unentschlossenheit

"Ich muss jede Entscheidung optimieren, sonst werde ich scheitern!"

Sie legen zu viel Gewicht auf jede Option, weil Sie eine mentale Blockade der Unentschlossenheit haben; Sie glauben, dass die richtige Entscheidung in einer einzigen Frage über Ihren Erfolg oder Misserfolg in einem bestimmten Bereich entscheidet. Unentschlossenheit kann aus einem Mangel an Verständnis für Ihre Prioritäten oder aus einem Mangel an Vertrauen in Ihre Fähigkeit, das Wesentliche zu erkennen, entstehen. Infolgedessen ist es schwierig, sich zu konzentrieren. Wenn Sie innerlich über die "richtige Option" debattieren, können Sie sich nicht voll und ganz auf die anstehende Arbeit konzentrieren. Und wenn man nicht ganz bei der Sache ist, macht es auch keinen Spaß.

3. Starre Denkweise

"Ich bin durch mein vergangenes Ich eingeschränkt."

Was Sie in der Vergangenheit geschafft haben, bestimmt nach einer fixen Sichtweise, was Sie in der Zukunft schaffen können. Eine fixe Mentalität ist die Vorstellung, dass Ihre Fähigkeiten begrenzt sind und dass Sie nie in der Lage sein werden, sie zu übertreffen. Das stimmt zwar bis zu einem gewissen Grad - jeder hat seine Grenzen, aber eine fixe Einstellung hindert Sie daran, zu lernen, zu wachsen oder über Ihre Grenzen hinauszuwachsen. Sie werden willkürliche Grenzen akzeptieren, die weit unter Ihren wahren Fähigkeiten liegen, Sie an das Gewohnte binden und Sie daran hindern, Ihr eigenes Potenzial zu erkennen.

4. Vergleich

"Der Erfolg anderer nimmt mir meinen weg."

Die mentale Barriere des Vergleichs rührt von der Überzeugung her, dass es nur eine begrenzte Anzahl von Möglichkeiten und damit auch nur eine begrenzte Anzahl von Erfolgen auf der Welt gibt. Wenn also jemand vor Ihnen Erfolg hat, stellt er eine Bedrohung für Sie dar. Natürlich ist dieses Konzept absurd. Sie werden immer andere Personen entdecken, die etwas talentierter sind, früher angefangen haben oder scheinbar bessere Arbeit leisten als Sie, was Sie in einen Zustand der Angst und ständigen Fluktuation versetzt. Ihre Leistungen werden Ihnen das Gefühl geben, dass Ihre vergeblich sind. Entweder werden Sie aufgeben wollen oder Sie werden Ihre Aufmerksamkeit immer wieder verschieben, auf der Suche nach einem Platz, den Sie zuerst beanspruchen können.

5. Ungewissheit

"Ich denke, ich weiß, was ich will, aber ich weiß es nie wirklich.

In diesem entscheidenden Punkt unterscheidet sich die Ungewissheit von der Unentschlossenheit: Sie treffen eine Entscheidung, sind dann aber nicht in der Lage, sie zu verwirklichen. Die Ungewissheit hindert Sie daran, Ihre Entscheidung zu verwirklichen. Im Zeitalter der ständigen Daten ist es sogar leicht, sich von den möglichen Techniken und Instrumenten überwältigt zu fühlen, so dass selbst kleine Entscheidungen mit Unklarheit behaftet sein können. Sie wissen, wie sich Ungewissheit anfühlt, wenn Sie schon einmal eine Stunde damit verbracht haben, zwischen fünf Anwendungen zu wählen, die alle praktisch gleich sind. Es ist die Lähmung, die sich einstellt, wenn man zu viele Wahlmöglichkeiten hat, und die einen von einer Option zur nächsten wandern lässt. Weil die Alternativen so nahe beieinander liegen, ist Ihr Gehirn nicht in der Lage zu entscheiden, welche die bessere ist (die Änderungen sind so gering, dass der Nutzen nicht groß genug ist, um sie zu berechnen), so dass Sie endlos weiter abwägen.

6. Keine Grenzen

"Ich kann alle Dinge tun!"

Trotz aller gegenteiligen Anzeichen scheint die mentale Barriere der Grenzenlosigkeit alles andere als eine Blockade zu sein: Sie ist eine Mischung aus vielen Interessen, zahlreichen Aktivitäten und der Fähigkeit, die eigenen Ressourcen und Fähigkeiten leidenschaftlich zu überschätzen. Natürlich ist Enthusiasmus etwas Wunderbares, aber ohne Konzentration wird er zu sehr zerstreut, was zu sehr wenig tatsächlichem Fortschritt führt. Sie drehen sich im Kreis, während Sie versuchen, alle Ihre Aufgaben auf dem richtigen Weg zu halten. Sie können keine wesentlichen Fortschritte machen, weil Sie zu viele Dinge zu tun haben, so dass Sie sich unglücklich fühlen und aufhören wollen. Alles. Der Glaube, dass es keine Grenzen gibt, führt schließlich zu einer Reihe von Sackgassen.

7. Tunnelblick

"Ich kann nicht über die Grenzen meiner eigenen Erfahrung hinausblicken."

Der Tunnelblick beschränkt Sie auf Ihre eigene Sichtweise, egal wie verzerrt oder falsch sie auch sein mag. Wenn Sie sich auf die mentale Blockade des Tunnelblicks einlassen, verlieren Sie die Objektivität, was zu einer Vielzahl von Problemen führen kann. Zum Beispiel können Sie so sehr auf eine Technik zur Erreichung Ihres Ziels fixiert sein, dass Sie nicht in der Lage sind, andere, einfachere und leichter zugängliche Alternativen wahrzunehmen. Der Tunnelblick wiederum kann dazu führen, dass Sie Hindernisse als größer wahrnehmen, als sie sind, dass Sie sich allein fühlen, obwohl Sie es gar nicht sind, und dass Sie Ihre eigene Arbeit als schlecht oder wenig hilfreich einschätzen, obwohl sie weder das eine noch das andere ist.

Wie Sie Ihre mentalen Blockaden erkennen

Welcher dieser Stolpersteine ist Ihnen am ehesten bekannt? Versuchen Sie dieses kleine Experiment, wenn Sie Schwierigkeiten haben, die mentalen Hindernisse zu erkennen, die Sie ausbremsen:

- Wählen Sie eine Aufgabe, die mit einem aktuellen Ziel oder Projekt verbunden ist.
- Stellen Sie einen Timer für 15 Minuten ein.
- Beginnen Sie mit der Arbeit an der Aufgabe, die Sie ausgewählt haben. Halten Sie inne und hören Sie Ihren Gedanken jedes Mal zu, wenn Sie innehalten, langsamer werden, seufzen, zum Fenster oder zur Wand blicken, an einen Kaffee denken, die Position wechseln wollen oder sich anderweitig etwas anderes als die Arbeit an der Aufgabe gönnen. In Ihrem Gehirn gibt es einen ständigen Monolog, der Ihnen etwas sagen will. Es ist die Stimme Ihrer lautesten Denkblockade, was auch immer sie sagt.
- Achten Sie auf die Muster in Ihrem inneren Monolog. Welche Worte und Sätze tauchen immer wieder auf? Welche Emotionen kommen an die Oberfläche? Welche Erfahrungen haben Sie gemacht, als Sie versucht haben, zu arbeiten? Es ist eine gute Idee, das, was Sie in Ihrem Kopf hören, aufzuschreiben (oder auszusprechen und aufzunehmen) und es sich dann selbst vorzulesen (oder sich die Aufnahme anzuhören). Wenn Sie dies lange genug tun, werden Sie Tendenzen erkennen. Ihr geistiges Hindernis wird sich durch die Muster offenbaren.

Wie man mentale Blockaden überwindet

Bei der Bewältigung mentaler Blockaden gibt es vier Haupttechniken, die in Betracht kommen:

- aufdecken.
- entfernen
- Reduzieren Sie
- Transformieren

Lassen Sie uns einen genaueren Blick auf diese Methoden werfen und darauf, wie sie Ihnen helfen können, Ihre mentalen Hindernisse zu überwinden.

Strategie 1: Die Ursachen aufdecken

Betrachten Sie Selbstzweifel als eines der Hindernisse, die Ihnen im Weg stehen. Prüfen Sie Ihre Werte, um herauszufinden, woher Ihre Selbstzweifel kommen. Vielleicht sind Bescheidenheit und Ehrlichkeit wichtig für Sie. Das ist fantastisch! Wenn Sie jedoch zu Perfektionismus neigen, fällt es Ihnen vielleicht schwer, sich selbst Anerkennung zu geben oder Ihre eigenen Leistungen anzuerkennen, wenn sie nicht perfekt sind. Und das ist, seien wir ehrlich, die ganze Zeit der Fall, denn Perfektion ist ein unerreichbares Ziel.

Ein lähmendes Gefühl des Selbstzweifels und höchstwahrscheinlich eine tiefe Unzufriedenheit mit dem Widerspruch zwischen Ihren großen Ambitionen und Ihrem selbst empfundenen Mangel an Fähigkeiten sind das Ergebnis der Kombination aus Ihrer einzigartigen Persönlichkeit und Ihren Grundprinzipien. Sie erkennen Ihre eigenen Fähigkeiten und Fertigkeiten nicht an, weil Sie sich selbst nichts weniger als Perfektion zutrauen können. Sie werden nicht behaupten, dass Sie talentierter oder fähiger sind, als Sie glauben, denn Sie schätzen Bescheidenheit und Ehrlichkeit.

Oh, wow. Was für ein Chaos.

Tatsache ist, dass Sie talentiert und fähig sind, aber Ihre eigene Persönlichkeit und Ihre Ideale behindern Ihren Fortschritt. Wenn Sie an einem Projekt arbeiten, packen Sie die daraus resultierenden Selbstzweifel im Nacken.

Probieren Sie eine oder mehrere der folgenden Strategien aus, um herauszufinden, was die Ursache für Ihre Denkblockaden ist:

Kennen Sie Ihre Werte

Erstellen Sie eine Liste Ihrer wichtigsten Werte und definieren Sie diese dann individuell. Die Grundprinzipien von Asian Efficiency können Ihnen dabei helfen, Ihre eigenen zu entwickeln. Sie könnten Verbindungen zwischen den mentalen Hindernissen feststellen, die Sie bei der Festlegung Ihrer Werte behindern.

Fragen Sie warum

Was bringt mich dazu, das zu glauben? Ich bin mir nicht sicher, warum ich so empfinde. Warum sage ich mir das? Fragen Sie weiter nach dem Warum und gehen Sie dem Warum auf den Grund. Oftmals liegt die Lösung tief in

Ihrem Hintergrund, Ihren Idealen und/oder Ihrer Persönlichkeit verborgen. Die Frage nach dem "Warum" kann Ihnen auch helfen herauszufinden, was Sie mit Ihrem Leben anfangen wollen.

Beispiele finden

Denken Sie bei jedem Grundwert, den Sie erwähnen, an eine Person oder Sache (oder mehrere), die diesen Wert für Sie am besten verkörpert. Suchen Sie dann nach Verbindungen zwischen diesen Beispielen mit hohem Wert und Ihren mentalen Hindernissen. Vielleicht haben Sie einen Freund, der sehr bescheiden ist, aber auch sehr zurückhaltend und häufig missbraucht wird. Infolgedessen assoziieren Sie vielleicht fälschlicherweise Bescheidenheit mit Opferrolle, was zu einer Vergleichsfalle und einer festgefahrenen Haltung führt.

Suchen Sie nach Konflikten

Überprüfen Sie Ihre Liste mit Beispielen von früher und suchen Sie nach Unstimmigkeiten. Vielleicht legen Sie großen Wert auf Erfolg und Freundlichkeit. Das ist kein offensichtlicher Widerspruch - Sie können sowohl erfolgreich als auch nett sein - aber achten Sie darauf, wenn Ihre Vorbilder notorisch zurückgezogene Leistungsträger sind. Ihre Erfolgsbeispiele führen Sie zu der Überzeugung, dass Sie nur erfolgreich sein können, wenn Sie feindselig sind; infolgedessen widersetzen Sie sich konsequent Ihren eigenen Leistungen oder sabotieren sie.

Sie können damit beginnen, die Muster umzukehren und zurückzusetzen, nachdem Sie die Überzeugungen, Werte oder Konflikte entdeckt haben, die Ihre mentalen Blockaden gebildet haben. Beurteilen Sie Ihre Prioritäten neu. Erstellen Sie eine Liste mit neuen Definitionen. Suchen Sie nach weiteren Beispielen. Erkennen Sie die Spannungen und reflektieren Sie sie. Sie müssen Ihre Grundprinzipien oder Ihre Persönlichkeit nicht ändern, aber Sie müssen auch nicht zulassen, dass sie sich nachteilig auswirken.

Strategie 2: Entfernen Sie die Blöcke

Blockaden in Ihrer geistigen Landschaft können manchmal schon lange vorhanden sein.

Viele Hirnbarrieren entwickeln sich als Folge kleiner, scheinbar harmloser Ereignisse oder Anweisungen. Wenn Sie nicht versuchen, diese Anweisungen aus der Kindheit zu zerstören, können sie sich verselbstständigen und schädlich werden. Vielleicht hat man Ihnen als Kind beigebracht, höflich auf die Älteren zu hören; das ist kein Problem, solange es sich nicht in Ihrem Kopf festsetzt und zu einem nicht enden wollenden Monolog auswächst, der Sie daran erinnert, dass Ihre Stimme und Ihre Ideen wertlos sind. Hat man Ihnen das gesagt, als man Ihnen diese Anweisung gab? Offensichtlich nicht. Es kann jedoch sein, dass Sie Botschaften aufnehmen, sie mit anderen Erfahrungen kombinieren, alles missverstehen und alles zu einem großen geistigen Durcheinander vermischen.

Probieren Sie diese Strategien aus, um mentale Blockaden zu beseitigen, die nicht in Ihr Gehirn gehören:

Aufzeichnung der Monologe

Erkennen Sie die Phrasen und Muster, die sich in Ihrem inneren Monolog wiederholen. Wie bereits gesagt, sind sie Indikatoren für Ihre mentalen Barrieren und die Ideen, die ihnen zugrunde liegen. Wenn Sie aufschreiben, was Sie hören, könnten Sie überrascht sein, wie weit es von der Realität entfernt ist. Vielleicht können Sie herausfinden, woher es kommt. Je mehr Sie über die Inhalte Ihrer Gedanken wissen, desto mehr Kontrolle haben Sie über sie.

Verfolgen Sie die Quelle

Auf die Gefahr hin, wie ein Psychotherapeut zu klingen, der nach verdrängten Erinnerungen Ausschau hält, hier einige Ratschläge: "Woher kommt das?", könnten Sie sich fragen. Was die negativen Botschaften in Ihren inneren Monologen angeht, fragen Sie sich: "Wann habe ich das zum ersten Mal gehört?" und "Wann habe ich das zum ersten Mal gehört?" Selbst wenn Sie eine gute Erziehung und eine fürsorgliche Familie hatten, haben Sie vielleicht Botschaften verinnerlicht, die im Erwachsenenleben keinen Sinn ergeben. Nehmen Sie sie heraus und sehen Sie sie an. Überlegen Sie, was sie tatsächlich bedeuten. Behalten Sie die Dinge, die anständig und vernünftig sind. Lassen Sie den Rest gehen.

Beweise verlangen

Wenn Sie mit einem Symptom einer mentalen Blockade zu tun haben, wie z. B. Angst, Sorgen, Unsicherheit oder mangelnde Aufmerksamkeit, fordern Sie Ihren Verstand auf, Beweise für seine Behauptung zu liefern. Wenn Ihr Verstand Ihnen zum Beispiel sagt, dass Sie sich nicht konzentrieren können, bitten Sie ihn um eine Liste von fünf Gründen, warum Sie sich gerade jetzt nicht konzentrieren können. Machen Sie eine Liste davon. Sprechen Sie die Gründe an, die Sie ansprechen können ("Es ist zu heiß"); verwerfen Sie die

Gründe, die unklar sind ("An einem Dienstag ist das unwahrscheinlich") oder sich auf frühere Argumente stützen ("Du konntest dich gestern Abend auch nicht konzentrieren").

Strategie 3: Ihre Macht einschränken

Viele mentale Barrieren haben eine Funktion, die über die Behinderung Ihres kreativen Flusses hinausgeht; wenn Sie sie in ihrer Gesamtheit betrachten, möchten Sie sie vielleicht gar nicht beseitigen.

Ihre Neigung zu Zweifeln zum Beispiel könnte Sie in einem endlosen Kreislauf der Unentschlossenheit gefangen halten. Die Fähigkeit, Entscheidungen zu bewerten, Handlungsalternativen zu prüfen, Schwierigkeiten vorherzusehen und optimale Taktiken zur Erreichung eines bestimmten Ziels zu entwickeln, ist jedoch Teil anderer wichtiger Talente. Diese Fähigkeiten können Ihren kreativen Prozess unterstützen, einem Burnout vorbeugen und Ihnen zeigen, wie Sie einen effektiven Arbeitsablauf schaffen, der zu einer höheren Qualität und Quantität Ihrer Arbeit führt. Der Trick besteht darin, herauszufinden, wie Sie diese Talente kontrollieren können, anstatt sich von ihnen beherrschen zu lassen.

Um den Einfluss mentaler Barrieren auf Sie zu verringern, so dass Sie sie zwar nutzen, aber an ihrem Platz halten können, sollten Sie die folgenden Strategien ausprobieren:

Einen Prozentsatz zuweisen

Wenn Sie ein mentales Hindernis entdeckt haben, geben Sie ihm einen Prozentsatz, der angibt, wie sehr es Ihre Entscheidungsfindung beeinflussen kann. Im obigen Fall könnten Sie Ihre Unsicherheit auf 30 Prozent begrenzen. Erlauben Sie Ihren Zweifeln, Sie zu erforschen und zu leiten, während Sie Ihre Alternativen bewerten. Er enthält nützliche Informationen. Wenden Sie diese Erkenntnisse an, aber mit einer 30-prozentigen Einflussbeschränkung, so dass die Ungewissheit bei Ihrer endgültigen Entscheidung eine geringere Rolle spielt und die anderen Variablen (wie Ihr Endziel und Ihre Zeitvorgaben) eine größere Rolle spielen.

Wie hoch ist das Risiko?

Angst ist ein wichtiger Faktor für Ihre mentalen Barrieren. Weil Sie Angst vor Versagen oder einem möglichen schlechten Ergebnis haben, reagieren Sie häufig negativ auf Ereignisse oder Aufgaben. Wenn Sie sich die Zeit nehmen, das tatsächliche Risiko in jeder Situation zu bewerten, können Sie Ihre Angst häufig verringern und somit Ihre Reaktion darauf steuern. Auf diese Weise können Sie die Gefahren analysieren und entscheiden, wie Sie mit ihnen umgehen wollen, ohne dass die Angst die Oberhand gewinnt.

Im Moment nicht

Versprechen Sie, später auf mentale Blockaden und damit verbundene Monologe zurückzukommen, wenn sie zu ungünstigen Zeiten auftauchen. Sie können den Ausdruck "nicht jetzt" verwenden. Machen Sie sich eine mentale Notiz über Ihre Bedenken oder Ihr Zögern. Fahren Sie dann mit der Aktion fort, für die Sie sich entschieden haben. Kehren Sie später zu der Notiz zurück, die Sie geschrieben haben, denken Sie darüber nach und handeln Sie nach Bedarf.

Strategie 4: Die mentale Blockade überwinden

Einige mentale Barrieren können zu guten Freunden in Ihrem Streben nach produktiver Kreativität werden. Negative Gedanken oder Reaktionen können Ihnen helfen, sich in andere einzufühlen, die Ähnliches durchmachen. Empathie kann Ihnen helfen, ein besserer Kommunikator und allgemein ein besserer Mensch zu werden.

Verwandeln Sie den Vergleich in ein Werkzeug für Verbindung und Ermutigung, wenn er für Sie ein mentales Hindernis darstellt. Werden Sie aktiv, wenn Sie bemerken, dass sich der Vergleich einschleicht. Nehmen Sie per Telefon, E-Mail oder Textnachricht Kontakt mit der Person auf, die Sie bewundern (und auf die Sie ein wenig neidisch sind). Sagen Sie ihr, welche Aspekte ihrer Arbeit Sie bewundern. Lob sollte weit verbreitet werden. Seien Sie aufrichtig. Erwarten Sie keine Gegenleistung.

Wenn Sie den Vergleich als eine Form der Verbindung betrachten, wann immer er beginnt, Sie niederzuhalten, werden zwei Dinge geschehen: Erstens werden Sie beginnen, ein unglaubliches Netzwerk von Personen aufzubauen, die Sie wirklich bewundern. Das ist an und für sich schon ein fantastisches Ergebnis. Zweitens: Sie verwandeln Gleichheit in Vergleich. Sie entwickeln Ihre eigenen Talente und konzentrieren sich weniger auf Ihre Unterschiede und mehr auf Ihre Gemeinsamkeiten, indem Sie auf andere zugehen, anstatt sich im Schatten zu verstecken. Dadurch verwandelt sich das schlechte Gefühl in ein glückliches Gefühl. Es stellt sich heraus, dass wir alle nur Menschen sind, die danach streben, etwas zu erreichen.

Um ein mentales Hindernis in eine starke, positive Gewohnheit zu verwandeln, können Sie die folgenden Strategien anwenden:

Maßnahmen ergreifen

Finden Sie eine Handlung (oder mehrere Handlungen), die Sie ausführen können, wenn Ihre geistige Blockade Sie zu bremsen beginnt, wie im obigen Vergleichsbeispiel. Durch einen Vergleich könnte sich eine Verbindung ergeben. Haben Sie ein Problem mit einer festgefahrenen Denkweise? Wenn es Ihnen Ihre Grenzen aufzeigt, lernen Sie eine neue Vokabel. Um ein Hindernis in einen Vorteil zu verwandeln, wählen Sie eine positive Aktivität und nehmen Sie sie jedes Mal wahr.

Darüber sprechen

Andere haben das durchgemacht, was Sie gerade durchmachen. Wir haben viel mehr gemeinsam, als wir denken. Seien Sie in Ihren Texten und Gesprächen offen und ehrlich über Ihre Probleme. Suchen Sie sich eine Gruppe von Menschen, die mit Ihnen mitfühlen können. Es geht nicht darum, sich in Selbstmitleid zu suhlen, sondern darum, Erfahrungen und Antworten auszutauschen. Sie sind nicht der Einzige, dem es so geht. Das ist gut zu wissen.

Erkennen Sie die Muster

Wenn Sie wissen, dass trübe Regentage Sie demotivieren, was zu mangelnden Fortschritten führt, was wiederum zu Zweifeln führt und schließlich dazu, dass Sie sich völlig ablenken lassen... Verhindern Sie, dass diese Schleife überhaupt erst entsteht, indem Sie die Ursachen dafür verstehen. Es ist schwieriger, den Kreislauf zu verlangsamen, wenn Sie erst einmal die Hälfte der Strecke erreicht haben. Finden Sie die Muster und Schleifen ebenso wie die Auslöser. Sobald Sie merken, dass Sie auf einen Auslöser gestoßen sind, können Sie Maßnahmen ergreifen, Unterstützung suchen oder eine Pause einplanen.

Sich selbst zurücksetzen

Wenn ein Zyklus beginnt, machen Sie eine Liste mit positiven Handlungen, Hilfen, Ressourcen und Personen, die Sie unterstützen können. Wenn zum Beispiel viele Termine anstehen, können Sie feststellen, dass sich Selbstzweifel lautstark in Ihrem Gehirn bemerkbar machen. Bald können Sie sich nicht mehr konzentrieren, kommen nicht mehr voran und fühlen sich zunehmend überfordert und unerfahren. Machen Sie sich eine Liste mit Bewältigungstechniken, die Sie anwenden können, wenn Sie nicht weiterkommen, und greifen Sie darauf zurück, wenn Sie nicht weiterkommen.

Um den Weg für produktives Schaffen frei zu machen, müssen mentale Barrieren beseitigt werden.

Wir alle haben sie. Und sie zu beseitigen ist nichts, was man in einer Stunde oder an einem Nachmittag tun kann; es ist ein kontinuierlicher Prozess. Je bewusster Sie jedoch Ihre geistigen Gewohnheiten kontrollieren können, desto bewusster können Sie Ihre Denkweise gestalten.

Sie müssen Ihre mentalen Barrieren nicht als standardmäßige Denkmethode akzeptieren. Fordern Sie Ihre Macht zurück! Identifizieren Sie die mentalen Barrieren, die Sie bremsen, und beseitigen Sie sie - oder reduzieren Sie sie zumindest -, damit Sie zu Ihrem natürlichen Zustand der produktiven Schöpfung zurückkehren können.

KOMMUNIKATIONSBLOCKADEN - UND TECHNIKEN, UM SIE ZU ÜBERWINDEN

Oberflächlich betrachtet scheint Kommunikation trügerisch einfach zu sein. Du sendest eine Nachricht, und sie wird von jemand anderem empfangen. Sie sprechen, und jemand anderes hört Sie. Scheint das nicht einfach zu sein? In Wirklichkeit ist die Kommunikation unglaublich schwierig. Zwischen dem Senden einer Nachricht und dem Empfangen durch eine andere Person können verschiedene Störfaktoren auftreten, die die gesendeten und empfangenen Signale verzerren, wenn nicht sogar völlig zerstören. Bringen Sie Ihre Kommunikation auf Vordermann, indem Sie die typischen Stolpersteine erkennen und lernen, wie Sie sie überwinden können.

Ihre Kommunikationsfähigkeit wirkt sich auf jeden Aspekt Ihres sozialen Lebens aus. Sie müssen in der Lage sein, anderen Ihre Ideen, Gefühle und Bedürfnisse mitzuteilen und auf die Gedanken, Gefühle und Bedürfnisse anderer einzugehen, um produktive, funktionierende Beziehungen aufzubauen.

Es ist hilfreich, sich der vielen Elemente bewusst zu sein, die Ihre Fähigkeit, effektiv zu kommunizieren, behindern können. Im Folgenden werden einige der häufigsten genannt:

1. Besorgniserregend

Es kann sein, dass Sie oder Ihr Gesprächspartner sich während eines Gesprächs auf etwas konzentrieren, was in Ihrem Leben vor sich geht, und nicht auf das, was gerade gesagt wird.

Technik zum Lösen von Blockaden - Erinnern Sie sich selbst daran, dass Sie während Ihrer Gespräche oder Sitzungen im Moment präsent und konzentriert bleiben.

2. Emotionale Blockaden

Manche Worte, Aussagen oder Kommentare können so emotional aufgeladen sein, dass sie den Dialog effektiv zum Erliegen bringen. Auf einer intimeren Ebene gibt es vielleicht eine ganze Reihe anderer Worte, Sätze und Themen, die für Sie so emotional aufgeladen sind, dass es für Sie unmöglich ist, rational weiter zu sprechen oder mit echtem Verständnis zuzuhören, sobald sie angesprochen wurden.

Entblockungstechnik - Erinnern Sie sich selbst daran, ruhig zu sein und sich zu beherrschen, um diese Art von Lärm zu vermeiden. Es ist keine gute Idee zuzulassen, dass die unsensible Bemerkung der anderen Person oder Ihre eigenen Empfindlichkeiten Ihnen die Ruhe rauben.

3. Feindseligkeit

Wenn viel Feindseligkeit in der Luft liegt, können Sie davon ausgehen, dass die Kommunikation darunter leidet. Die Botschaften werden verzerrt sein. Vielleicht sind Sie wütend auf Ihren Gesprächspartner, oder Sie ärgern sich über jemand anderen.

Entblockungstechnik - "Halten Sie die Bewertung zurück, bis das Verständnis vollständig ist", sagen Sie sich, um den Lärm der Feindseligkeit aus Ihren Gesprächen zu entfernen. Anders ausgedrückt, fällen Sie keine vorschnellen Urteile. Bevor Sie reagieren oder antworten, sollten Sie sicher sein, dass Sie alle Informationen haben.

4. Charisma

Das Charisma des Absenders der Nachricht kann sich darauf auswirken, wie die Nachricht aufgenommen wird. Dieses Rauschelement ist in der Politik immer wieder zu beobachten. Kandidaten werden häufig aufgrund der Art und Weise, wie sie sich ausdrücken, und nicht aufgrund der Qualität ihrer Ideen ausgewählt. Ein charismatischer Politiker kann eine alte, belanglose oder sogar törichte Botschaft als frisch, aufregend und richtig erscheinen lassen und die Zuhörer davon überzeugen, dass sie die Botschaft nicht hinterfragen oder erklären müssen.

Sind Sie jemals Opfer dieser Falle geworden? Sind Sie schon einmal von einem überzeugenden Redner weggegangen, nur um festzustellen, dass Sie sich nicht an das erinnern können, was er gesagt hat? Haben Sie schon einmal jemanden ignoriert, der etwas Wesentliches zu sagen hatte, aber Sie wollten nicht zuhören, weil der Redner im Vergleich zu dem fesselnden Redner langweilig war? Wenn dies der Fall ist, ist die Kommunikation zwischen Ihnen und Ihrem Gesprächspartner zum Stillstand gekommen.

Entblockungstechnik - Erinnern Sie sich daran, dass es viel wichtiger ist, WAS eine Person sagt, als WIE sie es sagt, um den Charmefaktor in Schach zu halten.

5. Frühere Erfahrungen

Ihre früheren Erfahrungen haben Sie vielleicht darauf konditioniert, den Kommunikationsprozess auszublenden und abzuschalten. Wenn z. B. Ihre wöchentlichen Mitarbeiterbesprechungen fast immer Zeitverschwendung waren, gehen Sie vielleicht mit der Erwartung in eine Besprechung, nichts zu lernen. Infolgedessen tappen Sie wieder in die Falle Nr. 1: die Beschäftigung mit dem Thema.

Wenn Sie nicht aufpassen, könnten Sie den Wert des anstehenden Gesprächs überschätzen und es als Ihrer Zeit nicht würdig einstufen. Infolgedessen könnten Sie wichtige Informationen oder Aufgaben übersehen. Wenn Sie sich nur auf Ihre Vorerfahrungen verlassen - und nicht die richtigen Fragen stellen -, könnten Sie die Bedeutung von allem falsch verstehen.

Entblockungstechnik - Sie können sicherlich Ihre früheren Erfahrungen als Leitfaden verwenden, um solche Fehler zu vermeiden. Seien Sie nur vorsichtig, dass Sie es nicht übertreiben. Sie haben ein Mitspracherecht - aber kein Vetorecht -, wenn es darum geht, die Bedeutung der Dinge auf der Grundlage Ihrer früheren Erfahrungen zu bestimmen.

6. Mehrdeutigkeit

Unter Kommunikationsprofessoren gibt es ein altes Sprichwort, das besagt: "Worte haben keine Bedeutung. Um es anders auszudrücken: Ein und dasselbe Wort kann für verschiedene Personen viele verschiedene Dinge bedeuten. Und das führt unweigerlich zu Kommunikationsproblemen.

Entblockungstechnik - Um zu vermeiden, dass dieses Element Ihr Gespräch stört, denken Sie daran, dass jeder unklare Begriff erklärt werden sollte, bevor Sie antworten.

7. Versteckte Agenden

Bei Geschäftsbesprechungen kommt dies viel zu häufig vor. Eine Person kommt zu einer Besprechung mit nur einem Ziel vor Augen: das zu bekommen, was SIE will, und die Qualität ihres Zuhörens und die Aufrichtigkeit ihrer Kommentare sind alle darauf ausgerichtet, dieses Ziel zu erreichen. Sie schalten ab, wenn ein Thema auf der Tagesordnung nichts mit ihrem geheimen Ziel zu tun hat. Wenn ein Teammitglied eine Empfehlung abgibt, die ihren eigenen Interessen zuwiderläuft, kann es sein, dass sie dem Teammitglied absichtlich widersprechen oder es kritisieren.

Entblockungstechnik - Wenn Sie sich in einer Diskussion befinden, fragen Sie sich, ob Sie ehrlich und aufrichtig sind. Oder sind Ihre Äußerungen von dem heimlichen Wunsch geleitet, die Debatte und das Ergebnis zu beeinflussen? Wenn Sie sich dessen schuldig machen, werden Sie wahrscheinlich einige gute Vorschläge von Leuten übersehen oder ignorieren, die neue, frische und vielleicht bessere Ideen haben. Der Kommunikationsprozess wird fast immer durch versteckte Ziele beeinträchtigt.

8. Mangelnde verbale Fähigkeiten

Da eines der Merkmale einer guten Kommunikation die Klarheit ist, könnten Sie lebenslang behindert sein, wenn Sie Ihre sprachlichen Fähigkeiten nicht verbessert haben. Wenn Sie so weitermachen, kommen Sie weder im Beruf noch in Ihren Beziehungen weiter.

Natürlich können die sprachlichen Fähigkeiten eines Menschen durch eine Vielzahl von Faktoren beeinflusst werden. Vielleicht haben Sie nicht genügend Unterricht in Sprechen, Hören und Schreiben genommen, oder wenn doch, dann ist es schon lange her. Es ist möglich, dass Sie Ihre Fähigkeiten auffrischen müssen. Aber warum auch nicht? Wir verbessern unsere Talente in fast jedem anderen Bereich des Lebens.

Technik zum Lösen von Blockaden - Wenn dieser Aspekt Ihre Fähigkeit, effektiv zu kommunizieren, beeinträchtigt, gibt es zwei Möglichkeiten, die Sie nutzen können. Erstens: Nehmen Sie, wenn nötig, an einem Kommunikationskurs teil. Zweitens: Schieben Sie Ihre mangelnden Kommunikationsfähigkeiten nicht auf Ihre mangelnde Bildung oder Ihren kulturellen Hintergrund. Sie können Ihre Kommunikationsfähigkeiten verbessern, und Ihr Erfolg in der Unternehmenswelt wird davon abhängen.

9. Stereotypen

Es ist so einfach, aus ein paar Fakten über eine Person grobe Verallgemeinerungen über ihren gesamten Charakter zu machen... und den Charakter aller anderen, die wie sie aussehen. Stereotypisierung ist der Begriff dafür. Und wenn Sie irgendwelche Vorurteile haben, können Sie sich einer Sache sicher sein: Sie werden Kommunikationspannen erleben, wenn Sie mit jemandem kommunizieren, der in Ihre stereotype Gruppe passt.

Entblockungstechnik - Achten Sie auf die Art von Menschen, die Sie abtörnen, um zu vermeiden, dass Stereotypen Ihr Gespräch beeinträchtigen. Und denken Sie daran, dass Sie sie nicht mögen oder sogar mit allem einverstanden sein müssen, was sie sagen, wenn sie sprechen. Sie müssen nur zuhören, was sie zu sagen haben, und sehen, ob Sie etwas Nützliches lernen können.

10. Wahrnehmung / selektive Wahrnehmung

Dies könnte einer der störendsten Aspekte der Kommunikation sein. Wenn zwei Menschen dasselbe Szenario betrachten, können sie völlig unterschiedliche Sichtweisen haben. Ihre Waren oder Dienstleistungen erscheinen Ihnen als preislich angemessen, aber Ihr Kunde empfindet sie als ungerechtfertigte Abzocke. Und um die Verwirrung noch zu vergrößern, glauben beide Parteien, dass sie richtig liegen... in ihrem eigenen Kopf.

Sie neigen dazu, die Worte und Verhaltensweisen der anderen Person herauszusuchen, die Ihre Sichtweise unterstützen, sobald Sie eine haben. Selbst wenn die andere Person nichts getan oder gesagt hat, was andere zu der Annahme verleiten würde, dass sie es getan hat, konzentrieren Sie sich auf die Dinge, die Ihren Eindruck bestätigen. Das wird als "selektive Wahrnehmung" bezeichnet.

Denken Sie daran, dass Ihre Ansichten immer bis zu einem gewissen Grad von denen der anderen Person abweichen werden, da Ihre Wahrnehmungen von dem abhängen, was Sie bisher erlebt oder gelernt haben. Außerdem haben keine zwei Personen die gleichen Erfahrungen gemacht oder die gleichen Lektionen gelernt.

Technik zum Lösen von Blockaden - Erinnern Sie sich daran, dass es immer mehr als eine Möglichkeit gibt, die Dinge zu betrachten, um das Element der Wahrnehmung/selektiven Wahrnehmung in Ihrer Kommunikation zu verringern. Versuchen Sie sich vorzustellen, wie die andere Person die Situation, die Sie besprechen, wahrnimmt. Bemühen Sie sich, einen Konsens zu finden.

11. Defensivität

Sie können davon ausgehen, dass die Kommunikation nachlässt, wenn Sie oder Ihr Gesprächspartner sich defensiv fühlen. Es kann sein, dass Sie nicht alles "hören", was gesagt wird, oder dass Sie Dinge einfügen, die von einem oder beiden von Ihnen nie geäußert wurden. Und das passiert am ehesten, wenn einer von Ihnen oder Sie beide unsicher sind.

"Jede Frage hat zwei Seiten: meine Seite und die falsche Seite", sagte Oscar Levant lachend. Das ist amüsant, aber nicht clever.

Entblockungstechnik - Denken Sie daran, sich selbst zu prüfen, um den Lärm aus Ihrer Rede zu entfernen. STOPPEN Sie, wenn Sie merken, dass Sie defensiv werden. Treffen Sie keine voreiligen Urteile. Treffen Sie keine voreiligen Entscheidungen. Prüfen Sie, ob Sie verstanden haben, was die andere Person sagt.

Lernen Sie, Dinge höflich zu formulieren, damit Ihr Gegenüber nicht in die Defensive gerät. Das bedeutet nicht, dass Sie unehrlich oder unzuverlässig sein sollten. Nein! Nicht im Geringsten. Lernen Sie einfach, beim Sprechen sensibel zu sein, um andere nicht unnötig zu verletzen.

Sie müssen in der Lage sein, erfolgreich zu kommunizieren, solange Sie leben, arbeiten und sich in unmittelbarer Nähe zu anderen aufhalten. Sie können Ihre Kommunikationseffizienz steigern, wenn Sie sich der 11 Schlüsselvariablen bewusst sind, die sie unterbrechen können.

ÜBERWINDUNG SOZIALER ÄNGSTE VOR DER KOMMUNIKATION

Wenn sie eine Rede halten oder sich um eine neue Stelle bewerben, fühlen sich viele Menschen unwohl oder sind unsicher. Eine soziale Angststörung, oft auch als soziale Phobie bezeichnet, ist jedoch mehr als nur Schüchternheit oder Nervosität. Die soziale Angststörung ist durch eine extreme Angst vor sozialen Situationen gekennzeichnet, insbesondere vor unbekannten Situationen oder Situationen, in denen Sie glauben, dass Sie von anderen beobachtet oder beurteilt werden. Diese Szenarien können so furchterregend sein, dass Sie sich schon bei dem bloßen Gedanken daran unwohl fühlen, oder Sie unternehmen erhebliche Anstrengungen, um sie zu vermeiden, was zu erheblichen Störungen in Ihrem Leben führt.

Die Angst, in der Öffentlichkeit geprüft, kritisiert oder in Verlegenheit gebracht zu werden, ist die Wurzel der sozialen Angststörung. Sie sind vielleicht besorgt, dass andere Sie negativ beurteilen oder dass Sie im Vergleich zu anderen zu kurz kommen. Auch wenn Sie zweifellos wissen, dass Ihre Befürchtungen, bewertet zu werden, unangemessen und übertrieben sind, können Sie nicht umhin, sich unwohl zu fühlen. Sie können lernen, sich in sozialen Situationen wohl zu fühlen und Ihr Leben zurückzuerobern, ganz gleich, wie unerträglich schüchtern Sie sind oder wie schrecklich die Schmetterlinge im Bauch sind.

Was verursacht soziale Ängste?

Obwohl Sie vielleicht das Gefühl haben, dass Sie der Einzige sind, der unter sozialen Ängsten leidet, sind diese Ängste tatsächlich ziemlich häufig. Viele Menschen haben Angst vor diesen Dingen. Allerdings können die Umstände, die die Symptome der sozialen Angststörung auslösen, unterschiedlich sein.

Manche Menschen leiden in den meisten sozialen Situationen unter Nervosität. Andere assoziieren Angst mit bestimmten sozialen Situationen, z. B. Gespräche mit Fremden, Partys mit Fremden oder Auftritte vor einem Publikum.

Im Folgenden sind einige der häufigsten Auslöser für soziale Ängste aufgeführt:

- Neue Leute kennenlernen
- Smalltalk führen
- Öffentliches Reden
- Auftritte auf der Bühne
- Im Mittelpunkt der Aufmerksamkeit stehen
- Beobachtet werden, während man etwas tut
- Gehänselt oder kritisiert werden
- Gespräche mit "wichtigen" Personen oder Autoritätspersonen
- In der Klasse aufgerufen zu werden
- Zu einem Date gehen
- In einer Sitzung das Wort ergreifen
- Benutzung öffentlicher Toiletten
- Prüfungen ablegen
- Essen oder Trinken in der Öffentlichkeit
- Telefongespräche führen
- Teilnahme an Partys oder anderen gesellschaftlichen Ereignissen

Anzeichen und Symptome einer sozialen Angststörung

Sie leiden nicht an einer sozialen Angststörung oder Sozialphobie, nur weil Sie sich in sozialen Situationen gelegentlich unwohl fühlen. Viele Menschen empfinden von Zeit zu Zeit Schüchternheit oder Selbstbewusstsein, aber das beeinträchtigt ihr tägliches Leben nicht. Auf der anderen Seite stört eine soziale Angststörung den Tagesablauf und verursacht erhebliches Leid.

Es ist ganz normal, dass man zum Beispiel vor einer Rede Schmetterlinge im Bauch hat. Wenn Sie jedoch unter sozialen Ängsten leiden, können Sie sich schon Wochen vorher stressen, sich krank melden, um die Rede nicht halten zu müssen, oder so stark zittern, dass Sie kaum sprechen können.

Soziale Angststörung emotionale Indikatoren und Symptome umfassen:

- Ängstlichkeit und übermäßiges Selbstbewusstsein bei normalen sozialen Interaktionen.
- Übermäßige Angst für Tage, Wochen oder sogar Monate vor einem gesellschaftlichen Ereignis.
- Angst davor, von anderen, insbesondere Fremden, beobachtet oder beurteilt zu werden.
- Angst vor Peinlichkeit oder Demütigung als Folge Ihres Handelns.
- Angst, dass andere Ihre Nervosität sehen könnten.

Körperliche Anzeichen und Symptome:

- Rotes Gesicht, oder Erröten
- Kurzatmigkeit
- Magenverstimmung, Übelkeit (z. B. Schmetterlinge)
- Zittern oder Schütteln (einschließlich zittriger Stimme)
- Herzrasen oder Engegefühl in der Brust
- Schwitzen oder Hitzewallungen
- Schwindelgefühl oder Ohnmacht

Verhaltensauffälligkeiten und Symptome:

- Sie meiden soziale Umgebungen so sehr, dass Ihre Aktivitäten eingeschränkt sind oder Ihr Leben gestört wird.
- Schweigen oder sich im Hintergrund halten, um nicht entdeckt zu werden und sich nicht zu schämen.
- Ein starkes Bedürfnis, immer einen Begleiter dabei zu haben, wohin man auch geht.
- Vor einem gesellschaftlichen Ereignis einen Drink zu sich nehmen, um Ihre Ängste zu beruhigen.

Soziale Angststörung bei Kindern

Die Schüchternheit eines Kindes ist ganz natürlich, aber Kinder mit einer sozialen Angststörung haben erhebliche Schwierigkeiten in alltäglichen Situationen wie dem Spielen mit anderen Kindern, dem Lesen in der Klasse, dem Sprechen mit Erwachsenen oder dem Ablegen von Prüfungen. Kinder mit Sozialphobie weigern sich häufig, die Schule zu besuchen.

Soziale Angststörung überwinden Tipp 1: Negative Gedanken in Frage stellen

Auch wenn es den Anschein hat, dass Sie nichts tun können, um die Symptome einer sozialen Angststörung oder Sozialphobie zu lindern, gibt es doch mehrere Möglichkeiten. Der erste Schritt ist die Auseinandersetzung mit der eigenen Denkweise.

Negative Einstellungen und Vorstellungen führen zu den Sorgen und Ängsten von Menschen mit sozialen Ängsten. Dazu können Dinge gehören wie:

- "Ich weiß, dass ich am Ende wie ein Idiot dastehen werde."
- "Meine Stimme wird anfangen zu zittern und ich werde mich selbst erniedrigen."
- "Die Leute werden mich für dumm halten"
- "Ich werde nichts zu sagen haben. Ich werde langweilig wirken."

Negative Gedanken in Frage zu stellen ist eine ausgezeichnete Strategie, um die Symptome sozialer Angst zu lindern.

Schritt 1: Erkennen Sie die gewohnheitsmäßigen negativen Überzeugungen, die Ihrer Sozialphobie zugrunde liegen. Wenn Sie z. B. Angst vor einer Präsentation auf der Arbeit haben, könnte der zugrunde liegende negative Gedanke lauten: "Ich werde es vermasseln." "Alle werden mich für einen Vollidioten halten."

Schritt 2: Untersuchen und hinterfragen Sie diese Gedanken. Es kann helfen, sich Fragen zu negativen Gedanken zu stellen: "Bin ich mir sicher, dass ich die Präsentation verpatzen werde?" oder "Werden die Leute automatisch annehmen, dass ich ungeschickt bin, wenn ich nervös bin?" Durch diese rationale Bewertung können Sie Ihre negativen Gedanken nach und nach durch realistischere und konstruktivere Sichtweisen auf die sozialen Umstände, die Ihre Angst verursachen, ersetzen.

Darüber nachzudenken, warum Sie so fühlen und denken, wie Sie es tun, kann erschreckend sein, aber wenn Sie die Ursachen Ihrer Sorgen kennen, können Sie deren negativen Einfluss auf Ihr Leben verringern.

Ungünstige Denkweisen, die soziale Ängste schüren

Überprüfen Sie, ob Sie eine der folgenden schädlichen Denkweisen an den Tag legen:

- **Gedankenlesen - Sie** gehen davon aus, dass Sie wissen, was andere Menschen denken, und dass sie Sie in demselben schlechten Licht sehen wie Sie selbst.
- **Wahrsagerei -** Vorhersage von Ereignissen in der Zukunft, in der Regel unter der Annahme, dass das Schlimmste eintreten wird. Man "weiß" einfach, dass die Dinge schlecht laufen werden, also macht man sich schon Sorgen, bevor man in der Situation ist.
- **Katastrophisieren - Die** Dinge werden übertrieben dargestellt. Menschen sagen Dinge wie "furchtbar", "schlimm" oder "katastrophal", wenn sie spüren, dass Sie besorgt sind.
- **Personalisierung - Die** Annahme, dass andere sich negativ auf Sie konzentrieren oder dass das, was bei anderen vor sich geht, etwas mit Ihnen zu tun hat.

Tipp 2: Konzentrieren Sie sich auf andere, nicht auf sich selbst

Viele von uns verfangen sich in ihren ängstlichen Gedanken und Empfindungen, wenn wir uns in einem sozialen Szenario befinden, das uns Unbehagen bereitet. Sie glauben vielleicht, dass Sie von allen angestarrt und beurteilt werden. Ihre Aufmerksamkeit wird auf Ihre körperlichen Empfindungen gelenkt, in der Hoffnung, sie durch aufmerksame Aufmerksamkeit besser kontrollieren zu können. Diese übermäßige Selbstfokussierung führt jedoch nur dazu, dass Sie sich noch stärker bewusst werden, wie angespannt Sie sind, was zu noch größerer Angst führt! Außerdem fällt es Ihnen schwer, sich voll und ganz auf die Gespräche um Sie herum oder auf die Darbietung zu konzentrieren.

Der Wechsel von der inneren zur äußeren Konzentration kann Ihnen helfen, sich in sozialen Situationen weniger ängstlich zu fühlen. Das ist leichter gesagt als getan, aber man kann sich nicht auf zwei Dinge gleichzeitig konzentrieren. Je mehr Sie sich auf das konzentrieren, was um Sie herum vor sich geht, desto weniger Angst werden Sie empfinden.

58

Konzentrieren Sie sich auf andere Menschen, nicht darauf, was sie über Sie denken! Bemühen Sie sich stattdessen, mit ihnen in Kontakt zu treten und eine echte Verbindung aufzubauen.

Denken Sie daran, dass Nervosität nicht so offensichtlich ist, wie Sie glauben. Und nur weil jemand sieht, dass Sie Angst haben, heißt das nicht, dass er Sie negativ beurteilt. Es ist gut möglich, dass andere genauso ängstlich sind wie Sie - oder es in der Vergangenheit waren.

Hören Sie aufmerksam zu, was gesagt wird, und nicht auf Ihre eigenen negativen Gedanken.

Anstatt darüber nachzudenken, was Sie sagen werden oder sich für einen vergangenen Fehler zu schelten, konzentrieren Sie sich auf den gegenwärtigen Moment.

Verzichten Sie auf das Bedürfnis, makellos zu sein. Konzentrieren Sie sich stattdessen darauf, aufrichtig und aufmerksam zu sein - Eigenschaften, die andere schätzen werden.

Tipp 3: Lernen Sie, Ihre Atmung zu kontrollieren

Wenn Sie sich Sorgen machen, verändert sich Ihr Körper in mehrfacher Hinsicht. Eines der ersten Dinge, die Sie bemerken, ist, dass Sie anfangen, schneller zu atmen. Übermäßiges Atmen (Hyperventilation) stört das Gleichgewicht von Sauerstoff und Kohlendioxid in Ihrem Körper und verursacht Schwindel, ein Gefühl des Erstickens, eine erhöhte Herzfrequenz und Muskelverspannungen, neben anderen körperlichen Symptomen der Sorge.

Wenn Sie lernen, Ihre körperlichen Angstsymptome zu regulieren, kann es so einfach sein, wie Ihre Atmung zu verlangsamen. Um ruhig zu bleiben, können Sie die folgende Atemübung durchführen:

- Setzen Sie sich mit geradem Rücken und entspannten Schultern in eine bequeme Position. Eine Hand sollte auf der Brust liegen, die andere auf dem Bauch.

- Atmen Sie 4 Sekunden lang sanft und tief durch die Nase ein. Die Hand auf dem Bauch sollte sich leicht heben, aber die Hand auf der Brust sollte sich kaum bewegen.
- Halten Sie den Atem für 2 Sekunden an.

- Atmen Sie 6 Sekunden lang langsam durch die Lippen aus und lassen Sie dabei so viel Luft wie möglich ab. Beim Ausatmen sollte sich die Hand auf dem Bauch nach innen bewegen, aber die andere Hand sollte sich nur wenig bewegen.

- Atmen Sie weiterhin durch die Nase ein und durch den Mund aus. Konzentrieren Sie sich darauf, einen Atemrhythmus von 4 ein, 2 halten und 6 aus einzuhalten.

Tipp 4: Stellen Sie sich Ihren Ängsten

Eine der wirksamsten Möglichkeiten, soziale Ängste abzubauen, besteht darin, sich den sozialen Situationen, vor denen man Angst hat, zu stellen, anstatt sie zu vermeiden. Die soziale Angststörung wird durch Vermeidung aufrechterhalten. Wenn Sie nervenaufreibende Situationen vermeiden, fühlen Sie sich zwar kurzfristig besser, aber das hindert Sie daran, sich in sozialen Situationen wohler zu fühlen und langfristig zu lernen, damit umzugehen. Je mehr Sie versuchen, ein gefürchtetes soziales Szenario zu vermeiden, desto schlimmer wird es.

Vermeidungsverhalten kann Sie manchmal davon abhalten, Ziele zu erreichen oder Aktivitäten durchzuführen, die Sie gerne tun würden. Die Angst, sich zu äußern, kann Sie zum Beispiel daran hindern, Ihre Gedanken bei der Arbeit mitzuteilen, in der Klasse aufzufallen oder neue Bekanntschaften zu schließen.

Auch wenn es schwierig erscheinen mag, eine ängstliche soziale Umgebung zu überwinden, ist es möglich, dies in kleinen Schritten zu erreichen. Ziel ist es, mit einem Szenario zu beginnen, das Sie bewältigen können, und sich schrittweise auf der "Angstleiter" nach oben zu arbeiten, um so Ihr Selbstvertrauen und Ihre Bewältigungsfähigkeiten zu steigern.

Wenn Sie der Umgang mit Fremden nervös macht, können Sie beispielsweise damit beginnen, mit einem extrovertierten Freund auf eine Party zu gehen. Wenn Sie diese Phase gemeistert haben, können Sie sich einer neuen Person vorstellen, und so weiter.

Um Ihre sozialen Ängste zu überwinden, sollten Sie Folgendes tun:

Versuchen Sie nicht, sich Ihrer schlimmsten Angst sofort zu stellen. Sich zu schnell zu bewegen, zu viel auf sich zu nehmen oder Dinge zu erzwingen, ist nie eine gute Idee. Das könnte nach hinten losgehen und Ihre Ängste noch verschlimmern.

Geduld ist gefragt. Es braucht Zeit und Mühe, um soziale Ängste zu überwinden. Es ist ein methodischer, schrittweiser Ansatz.

Bleiben Sie ruhig, indem Sie die erlernten Techniken anwenden, z. B. indem Sie sich auf Ihre Atmung konzentrieren und negative Vorurteile ablegen.

Soziale Interaktion mit Kollegen: Eine Beispiel-Angstleiter

Schritt 1: Sagen Sie "Hallo" zu Ihren Mitarbeitern.

Schritt 2: Stellen Sie einem Mitarbeiter eine arbeitsbezogene Frage.

Schritt 3: Fragen Sie einen Kollegen, was er am Wochenende gemacht hat.

Schritt 4: Setzen Sie sich während Ihrer Kaffeepause mit Ihren Kollegen in den Pausenraum.

Schritt 5: Essen Sie im Pausenraum mit Ihren Kollegen zu Mittag.

Schritt 6: Nehmen Sie Ihr Mittagessen im Pausenraum ein und unterhalten Sie sich mit einem oder mehreren Mitarbeitern über das Wetter, Sport oder aktuelle Ereignisse.

Schritt 7: Bitten Sie einen Kollegen, nach der Arbeit einen Kaffee oder ein Getränk zu trinken.

Schritt 8: Gehen Sie mit einer Gruppe von Mitarbeitern zum Mittagessen.

Schritt 9: Geben Sie einem oder mehreren Mitarbeitern persönliche Informationen über sich selbst.

Schritt 10: Nehmen Sie an einer Mitarbeiterparty mit Ihren Kollegen teil.

Tipp 5: Bemühen Sie sich, sozialer zu werden

Eine weitere wirksame Methode, um Ihre Ängste zu bekämpfen und soziale Ängste zu überwinden, besteht darin, aktiv nach hilfreichen sozialen Situationen zu suchen. Die folgenden Empfehlungen sind wirksame Methoden, um sich positiv auf andere einzulassen:

Erwägen Sie die Teilnahme an einem Kurs für soziale Kompetenz oder Selbstbehauptung. Diese Seminare werden häufig an Volkshochschulen oder Einrichtungen der Erwachsenenbildung in der Umgebung angeboten.

Engagieren Sie sich ehrenamtlich in einer Sache, die Ihnen Spaß macht, z. B. beim Gassi gehen mit Hunden in einem Tierheim oder beim Füllen von Umschlägen für eine politische Kampagne - alles, was Ihnen eine gezielte Aufgabe bietet und Ihnen gleichzeitig die Möglichkeit gibt, sich mit einer kleinen Gruppe Gleichgesinnter auszutauschen.

Verbessern Sie Ihre Kommunikationsfähigkeiten. Eine klare, emotionsbewusste Kommunikation ist für gesunde Partnerschaften unerlässlich. Das Erlernen der grundlegenden Fähigkeiten der emotionalen Intelligenz kann Ihnen helfen, mit Menschen in Kontakt zu kommen, wenn Sie Schwierigkeiten haben, mit anderen in Kontakt zu treten.

Auch wenn Sie schüchtern oder sozial ungeschickt sind, gibt es Möglichkeiten, Freunde zu finden.

Sie können lernen, selbstkritische Gedanken zu unterdrücken, Ihr Selbstwertgefühl zu steigern und selbstbewusster und angenehmer im Umgang mit anderen zu werden, unabhängig davon, wie unbeholfen oder ängstlich Sie sich in Gegenwart anderer Menschen fühlen. Sie sind nicht gezwungen, Ihre Persönlichkeit zu ändern. Sie können Ihre Ängste und Befürchtungen überwinden und sinnvolle Freundschaften schließen, indem Sie sich einfach neue Fähigkeiten aneignen und eine neue Denkweise annehmen.

Tipp 6: Einen angstfreien Lebensstil annehmen

Körper und Geist sind untrennbar miteinander verbunden, und es gibt immer mehr Beweise dafür, dass die Art und Weise, wie Sie Ihren Körper behandeln, einen großen Einfluss auf Ihre Angstzustände, Ihre Fähigkeit, Angstsymptome zu kontrollieren, und Ihr allgemeines Selbstvertrauen hat.

Änderungen des Lebensstils allein reichen zwar nicht aus, um eine soziale Phobie oder eine soziale Angststörung zu überwinden, aber sie werden Ihnen helfen, in Ihrer Behandlung voranzukommen. Die nachstehenden Vorschläge zur Lebensführung werden Ihnen helfen, Ihre Angst insgesamt zu verringern und sich auf eine wirksame Therapie vorzubereiten.

Vermeiden oder begrenzen Sie Koffein - Stimulanzien wie Kaffee, Tee, Limonade und Energydrinks verschlimmern die Angstsymptome. Erwägen Sie, auf Koffein ganz zu verzichten oder die Einnahme auf den Morgen zu beschränken.

Werden Sie aktiv - Stimulanzien wie Kaffee, Tee, Limonade und Energydrinks führen zu einer Verschlimmerung der Angstsymptome. Erwägen Sie, Koffein ganz aus Ihrer Ernährung zu streichen oder den Konsum auf den Morgen zu beschränken.

Nehmen Sie mehr Omega-3-Fettsäuren in Ihre Ernährung auf - Omega-3-Fettsäuren sind gut für das Gehirn und können Ihre Stimmung, Perspektive und Angsttoleranz verbessern. Fetter Fisch (Lachs, Hering, Makrele, Sardellen, Sardinen), Seetang, Leinsamen und Walnüsse sind die besten Quellen.

Trinken Sie nur in Maßen - Vielleicht sind Sie versucht, vor einem gesellschaftlichen Ereignis zu trinken, um Ihre Ängste zu lindern, aber Alkohol erhöht die Wahrscheinlichkeit, dass Sie eine Panikattacke bekommen.

Mit dem Rauchen aufhören - Nikotin ist ein sehr starkes Stimulans. Entgegen der landläufigen Meinung führt Rauchen dazu, dass die Angst eher zu- als abnimmt. Wenn Sie Hilfe bei der Entwöhnung benötigen.

Genügend Qualitätsschlaf - Wenn Sie nicht genug Schlaf bekommen, sind Sie anfälliger für Sorgen. Es wird Ihnen helfen, in sozialen Situationen ruhig zu bleiben, wenn Sie gut ausgeruht sind.

Behandlung der sozialen Angststörung

Wenn Sie die oben aufgeführten Selbsthilfestrategien ausprobiert haben und immer noch Probleme mit lähmenden sozialen Ängsten haben, benötigen Sie möglicherweise professionelle Hilfe.

Therapie

Die kognitive Verhaltenstherapie (KVT) hat sich als die wirksamste Behandlung der sozialen Angststörung unter allen verfügbaren professionellen Therapien erwiesen. Die CBT basiert auf der Idee, dass Ihre Gedanken Ihre Gefühle beeinflussen und Ihre Gefühle Ihre Handlungen. Sie werden sich besser fühlen und besser funktionieren, wenn Sie die Art und Weise ändern, wie Sie über soziale Situationen denken, die Ängste verursachen.

CBT bei sozialer Phobie kann Folgendes beinhalten:

Entspannungsmethoden und Atemübungen können Ihnen helfen, die körperlichen Symptome der Angst zu reduzieren.

Negative, unproduktive Glaubenssätze, die soziale Ängste verursachen und nähren, werden in Frage gestellt und durch ausgewogenere Perspektiven ersetzt.

Anstatt soziale Situationen zu meiden, sollten Sie ihnen ruhig und planvoll begegnen.

Sie können diese Techniken zwar selbst erlernen und üben, aber wenn Sie Schwierigkeiten mit der Selbsthilfe haben, kann die zusätzliche Unterstützung und Anleitung durch einen Therapeuten von Vorteil sein.

Häufig werden im Rahmen einer Therapiegruppe Rollenspiele, Training sozialer Kompetenzen und andere CBT-Ansätze eingesetzt. In der Gruppentherapie werden Schauspiel, Videoaufnahmen und -beobachtungen, fingierte Interviews und andere Aktivitäten eingesetzt, um an Situationen zu arbeiten, die Sie im echten Leben nervös machen. Sie werden sich wohler fühlen und weniger ängstlich sein, wenn Sie üben und sich auf Situationen vorbereiten, vor denen Sie Angst haben.

Medikation

Medikamente können zwar bei den Symptomen sozialer Ängste helfen, sind aber kein Heilmittel. Wenn sie in Verbindung mit einer Therapie und Selbsthilfeansätzen eingesetzt werden, die die Hauptursache Ihres sozialen Angstproblems behandeln, gelten Medikamente als am wirksamsten.

Bei der Therapie der sozialen Angst werden drei Arten von Medikamenten eingesetzt:

Betablocker werden verschrieben, um Menschen mit Leistungsangst zu helfen. Sie haben zwar wenig Wirkung auf die emotionalen Symptome der Angst, können aber bei körperlichen Symptomen wie Zittern der Hände oder der Stimme, Schweißausbrüchen und Herzrasen helfen.

Wenn die soziale Angststörung schwer und lähmend ist, können Antidepressiva hilfreich sein.

Benzodiazepine sind Medikamente gegen Angstzustände, die schnell wirken. Sie wirken jedoch sedierend und machen süchtig, weshalb sie im Allgemeinen nur verabreicht werden, wenn andere Medikamente versagt haben.

WIRKSAME KOMMUNIKATION - VERBESSERUNG IHRER SOZIALEN KOMPETENZ

Der Aufbau positiver Interaktionen mit anderen kann dazu beitragen, dass Sie sich weniger gestresst und ängstlich fühlen. Hervorragende Freunde zu haben, kann sogar als "Puffer" für Sorgen und schlechte Laune fungieren, so dass eine bessere soziale Unterstützung mit einer besseren psychischen Gesundheit im Allgemeinen verbunden ist. Andererseits können Ängste dazu führen, dass Menschen soziale Situationen meiden und keine Beziehungen eingehen. Dies gilt insbesondere dann, wenn Sie sozial nervös sind und unbedingt Freunde finden wollen, aber entweder Angst davor haben oder nicht wissen, wie Sie das anstellen sollen.

Eine der unglücklichen Folgen des Vermeidens sozialer Kontakte ist, dass man nie die Gelegenheit dazu hat:

- Ihr Selbstvertrauen im Umgang mit anderen zu stärken
- Entwicklung starker Kommunikationsfähigkeiten, die die Chance auf erfolgreiche Beziehungen erhöhen

Wenn Sie z. B. Angst haben, auf Partys zu gehen oder jemanden um ein Date zu bitten, wird Ihre mangelnde Erfahrung und/oder Ihr mangelndes Selbstvertrauen dazu führen, dass Sie wissen, wie Sie mit diesen Umständen umgehen müssen (z. B. was Sie anziehen sollen, was Sie sagen sollen, usw.). Viele Menschen verfügen über die notwendigen Fähigkeiten, haben aber nicht den Mut, sie einzusetzen. Übung wird Ihr Selbstvertrauen stärken und Ihre Kommunikationsfähigkeiten in jedem Fall verbessern.

Warum sind Kommunikationsfähigkeiten wichtig?

Kommunikationsfähigkeiten sind wichtig, um Freundschaften zu schließen (und zu erhalten) und ein starkes soziales Unterstützungssystem aufzubauen. Sie helfen Ihnen auch dabei, Ihre eigenen Wünsche zu erfüllen und gleichzeitig die Bedürfnisse anderer zu berücksichtigen. Menschen werden nicht mit starken Kommunikationsfähigkeiten geboren; sie müssen durch Versuch und Irrtum und ständiges Üben erlernt werden, genau wie jede andere Fähigkeit.

Im Folgenden finden Sie drei Bereiche der Kommunikation, an denen Sie vielleicht arbeiten möchten:

- Nonverbale Kommunikation
- Konversationsfähigkeiten
- Durchsetzungsvermögen

Hinweis: Natürlich gibt es mehrere Komponenten für eine gute Kommunikation, und vielleicht möchten Sie weitere Unterstützung in bestimmten Bereichen (z. B. Umgang mit Konflikten, Präsentationsfähigkeiten, Feedback geben usw.). Bitte lesen Sie den Abschnitt "Empfohlene Lektüre" am Ende dieses Moduls, um weitere spezielle Hilfestellungen zu erhalten.

Nonverbale Kommunikation

Die nonverbale Kommunikation macht einen großen Teil dessen aus, was wir uns gegenseitig sagen. Was Sie anderen mit Ihren Augen oder Ihrer Körpersprache mitteilen, hat die gleiche Wirkung wie das, was Sie mit Ihren Worten ausdrücken. Wenn Sie nervös sind, verhalten Sie sich möglicherweise so, dass Sie nicht mit anderen interagieren können. Sie vermeiden zum Beispiel Augenkontakt oder sprechen leise. Mit anderen Worten: Sie versuchen, die Kommunikation zu vermeiden, um nicht von anderen negativ bewertet zu werden.

Ihre Körpersprache und Ihr Tonfall vermitteln anderen hingegen deutliche Botschaften:

- Emotionaler Zustand (z. B. Ungeduld, Angst)
- Haltung gegenüber dem Zuhörer (z. B. Unterwürfigkeit, Verachtung)
- Kenntnisse des Themas
- Ehrlichkeit (haben Sie eine geheime Agenda?)

Wenn Sie also den Blickkontakt vermeiden, weit weg von den Leuten stehen und leise sprechen, sagen Sie wahrscheinlich: "Bleib weg von mir!" oder

"Sprich nicht mit mir!" Höchstwahrscheinlich ist das nicht die Botschaft, die Sie vermitteln wollen.

Konversationsfähigkeiten

Gespräche zu beginnen und aufrechtzuerhalten ist eine der schwierigsten Aufgaben für jemanden mit sozialen Ängsten. Es ist normal, dass man sich ein wenig schwer tut, wenn man versucht, eine kleine Unterhaltung zu führen, denn es ist nicht immer einfach, sich etwas einfallen zu lassen, was man sagen könnte. Das gilt vor allem dann, wenn man besorgt ist. Andererseits reden manche nervöse Menschen übermäßig viel, was auf andere abstoßend wirken kann.

Durchsetzungsvermögen

Durchsetzungsfähige Kommunikation bedeutet, die eigenen Bedürfnisse, Wünsche und Gefühle wahrheitsgemäß zum Ausdruck zu bringen und gleichzeitig die Bedürfnisse, Wünsche und Gefühle anderer zu respektieren. Wenn Sie selbstbewusst sprechen, verhalten Sie sich nicht bedrohlich, urteilen nicht und übernehmen die Verantwortung für Ihr eigenes Handeln.

Wenn Sie sozial ängstlich sind, kann es für Sie eine Herausforderung sein, Ihre Ansichten und Gefühle frei zu äußern. Das Erlernen von Selbstbehauptungsfähigkeiten kann eine Herausforderung sein, vor allem, wenn Selbstbehauptung manchmal dazu führt, dass Sie sich zurückhalten, Dinge so zu tun, wie Sie es normalerweise tun würden. Vielleicht haben Sie zum Beispiel Angst vor Meinungsverschiedenheiten, folgen ständig der Masse und vermeiden es, Ihre Meinung zu äußern. Dadurch haben Sie sich vielleicht einen passiven Kommunikationsstil angeeignet. Oder Sie haben sich einen aggressiven Kommunikationsstil angeeignet, um andere zu kontrollieren und zu dominieren.

Ein aggressiver Kommunikationsstil hat dagegen mehrere Vorteile. Er kann Ihnen dabei helfen, authentischere Beziehungen zu anderen Menschen aufzubauen, zum Beispiel mit weniger Angst und Ressentiments. Er bietet Ihnen auch mehr Kontrolle über Ihr Leben und hilft Ihnen, sich weniger machtlos zu fühlen. Sie gibt auch anderen die Freiheit, ihr eigenes Leben zu leben.

Mythen über Durchsetzungsvermögen - Hindernisse für selbstbewusstes Verhalten

Mythos Nr. 1: Durchsetzungsvermögen bedeutet, dass man immer seinen Willen bekommt

Das ist nicht richtig. Durchsetzungsfähig zu sein bedeutet, seinen Standpunkt zum Ausdruck zu bringen und offen und ehrlich mit anderen Menschen umzugehen. Wenn Sie Ihren Standpunkt selbstbewusst zum Ausdruck bringen, werden Sie vielleicht nicht immer "Ihren Willen" bekommen. Wenn Sie jedoch anderen Ihre Gefühle mitteilen und versuchen, eine Einigung zu erzielen, zeigt dies, dass Sie sowohl sich selbst als auch andere respektieren.

Mythos Nr. 2: Durchsetzungsfähig zu sein bedeutet, egoistisch zu sein

Das ist nicht wahr. Nur weil Sie Ihre Gedanken und Vorlieben mitteilen, heißt das nicht, dass andere verpflichtet sind, Ihnen zuzustimmen. Sie schaffen Platz für andere, wenn Sie sich selbstbewusst (und nicht wütend) äußern. Sie können sich auch für jemand anderen stark machen (z. B. "Ich möchte, dass Susan diese Woche das Restaurant auswählt").

Mythos Nr. 3: Passivität ist der Weg, um geliebt zu werden

Das ist nicht richtig. Passiv zu sein bedeutet, immer mit anderen übereinzustimmen, ihnen immer ihren Willen zu lassen, immer ihren Wünschen nachzugeben und nie eigene Forderungen oder Wünsche zu äußern. Es ist keine Garantie dafür, dass andere Sie mögen oder bewundern, wenn Sie sich auf diese Weise verhalten. Sie könnten sogar denken, dass Sie langweilig sind und sich darüber ärgern, dass sie Sie nicht kennenlernen können.

Mythos Nr. 4: Es ist unhöflich, zu widersprechen

Das ist nicht richtig. Es gibt zwar Zeiten, in denen wir nicht unsere ehrliche Meinung sagen, aber in den meisten Fällen tun wir das (z. B. sagen die meisten Menschen, wie schön eine Freundin in ihrem Hochzeitskleid aussieht, oder wir sagen nur Positives am ersten Tag eines neuen Jobs). Andere Menschen hingegen sind oft an dem interessiert, was Sie zu sagen haben. Überlegen Sie einmal, wie Sie sich fühlen würden, wenn alle immer mit Ihnen einer Meinung wären.

Mythos Nr. 5: Ich muss alles tun, worum ich gebeten werde

Falsch. Persönliche Grenzen zu setzen und einzuhalten ist ein wichtiges Element der Durchsetzungsfähigkeit. Für viele Menschen ist das eine Herausforderung. Wenn wir nicht alles tun, was unsere Freunde wollen, befürchten wir vielleicht, dass sie uns für egoistisch und unfreundlich halten. Wenn wir bei der Arbeit nicht alles schaffen, was von uns verlangt wird, befürchten wir vielleicht, dass man uns für faul oder ineffizient hält. Solange Sie es ihnen jedoch nicht sagen, haben sie keine Ahnung, wie beschäftigt Sie sind, wie sehr Sie eine bestimmte Tätigkeit verabscheuen oder welche anderen Pläne Sie haben. Die meisten Menschen wären verärgert, wenn sie erfahren würden, dass Sie etwas für sie getan haben, für das Sie keine Zeit hatten (z. B. einen Bericht zu erstellen, an dem Sie das ganze Wochenende arbeiten müssen) oder das Sie nicht gerne tun (z. B. einem Freund beim Umzug helfen).

IHRE ÄNGSTE UND GRENZEN ZU BEWÄLTIGEN

Mehr als alles andere schränken uns unsere Ängste ein. Sie halten uns davon ab, neue Menschen kennenzulernen, Kontakte zu knüpfen, in unserer Karriere voranzukommen und Wohlstand anzuhäufen. Das Internet und die sozialen Medien ermöglichen es uns zwar, mit Hunderten (und vielleicht Millionen) von Menschen in Kontakt zu treten, ohne ein Wort zu sagen, aber das ist nicht immer der beste Weg, um unsere Ziele zu erreichen. Dies gilt insbesondere, wenn es um Kommunikationsprobleme geht.

Was sind nun die Kommunikationsphobien der Menschen? Die häufigste soziale Phobie ist zweifellos das Sprechen in der Öffentlichkeit. Seien wir ehrlich: Auf der Bühne vor Hunderten von Menschen zu stehen, alle Augen auf uns gerichtet, jede unserer Bewegungen und Worte analysierend, kann einschüchternd sein. Neue Leute zu treffen ist die nächste große soziale Sorge. Wenn Sie in irgendeiner Weise schüchtern sind, kennen Sie zweifellos das ungute Gefühl, das wir haben, wenn wir in einer neuen Situation von seltsamen Menschen umgeben sind. Andere soziale Bedenken sind z. B. um Hilfe zu bitten, jemanden zu einem Date einzuladen, um ein Geschäft zu bitten, um eine Beförderung zu bitten und so weiter.... Es kann schwierig sein, unangenehme Gespräche zu führen, z. B. ein heikles Thema anzusprechen oder konstruktive Bemerkungen zu machen.

Was sind also Ihre Möglichkeiten? Wenn es um die Bewältigung von Kommunikationsproblemen geht, gibt es einen sehr einfachen Ansatz. Bedenken Sie, dass die Technik zwar einfach ist, die Überwindung einer Kommunikationsphobie aber nicht immer einfach ist. Es wird viel Schweiß und vielleicht sogar ein paar Tränen fließen, aber im Großen und Ganzen steht uns nichts im Wege, um unsere Kommunikationsprobleme zu überwinden. Und so funktioniert es:

Schritt 1: Erkennen Sie Ihre Angst und identifizieren Sie sie.

Überlegen Sie, wovor Sie Angst haben und warum Sie sich davor fürchten. Nehmen Sie sich Zeit, darüber nachzudenken und schreiben Sie es auf. Sie müssen sich der Situation bewusst sein.

Schritt 2: Motivieren Sie sich.

Sie müssen sich zunächst zwei Fragen stellen. Zuallererst: Was werden Sie verpassen, wenn Sie Ihre Angst nicht überwinden? Werden Sie deprimiert sein, einsam, unter Schmerzen leiden oder ein geringes Selbstwertgefühl haben? Wird es Konsequenzen für andere haben? Sie müssen sich vergewissern, dass Sie echten Kummer empfinden und dass ein erhebliches Maß an Unzufriedenheit vorhanden ist.

Der nächste Schritt besteht darin, zu überlegen, was Sie gewinnen würden, wenn Sie Ihre Angst überwinden. Welche Veränderungen werden Sie in Ihrem Leben vornehmen? Was können Sie tun, um die Situation für Ihre Mitmenschen zu verbessern? Wie werden Ihre Gefühle sein? Um sich wirksam zu inspirieren, brauchen Sie wieder starke Gefühle der Freude.

Schritt 3: Erlernen Sie die Werkzeuge und Techniken, um erfolgreich zu sein.

Es gibt zwar Tausende von Personen, die behaupten, Ihnen helfen zu können, aber es kann schwierig sein, zwischen denjenigen zu unterscheiden, die wirklich über die notwendigen Werkzeuge verfügen, und denjenigen, die dies nicht tun. Normalerweise würden Sie darauf achten, wie gut sich ein System verkauft, oder auf Erfahrungsberichte, aber beides kann leicht hergestellt und schwer zu überprüfen sein. Holen Sie sich also entweder eine Empfehlung von jemandem, dem Sie vertrauen, oder beziehen Sie Ihr System von einem seriösen Anbieter.

Vielleicht müssen Sie ab und zu ein Risiko eingehen und etwas Zeit oder Geld für das Studium oder den Besuch von Kursen aufwenden. Der schwierigste Aspekt ist jedoch die Bereitschaft, weiterzumachen und zu üben, nachdem Sie etwas gefunden haben, das funktioniert. In diesem Fall sollten Sie zu Schritt 2 zurückkehren und sicherstellen, dass Ihre Motivation ausreichend ist.

Schritt 4: Machen Sie Fehler.

Man könnte meinen, das sei absurd, aber Fehler sind wichtig. Ob Sie es glauben oder nicht, ab und zu ein Stolperstein kann von Vorteil sein. Fehler zu machen ist ein unvermeidlicher Teil des Lernprozesses; manchmal müssen wir etwas mehrmals versuchen, bevor wir es richtig machen. Die wichtige Lehre, die man aus Fehlern ziehen kann, ist, dass man sie überleben kann, was das

Selbstvertrauen enorm stärkt. Wenn man anfangs einen Fehler macht, ist es schwierig, ihn als solchen zu erkennen, aber wenn man zurückblickt, kann man ihn als das erkennen, was er ist.

Zu viele Menschen machen den ersten Fehler und lassen dann ihre Bemühungen fallen. Fehler hingegen sind wie Kampfwunden, denn sie härten einen ab und zwingen einen dazu, weiterzumachen. Wenn Sie den ersten Fehler machen und dann aufgeben, ist es möglich, dass Sie nicht engagiert genug sind, um Ihre Kommunikationsphobie zu überwinden. Wenn dies der Fall ist, sollten Sie zu Schritt 2 zurückkehren.

Schritt 5: Bleiben Sie am Ball.

Kommunikationsfähigkeiten sind nicht wie technische Fähigkeiten, die man verliert, wenn man sie nicht einsetzt. Ich schlage vor, dass die Teilnehmer in meinen Kursen für öffentliches Sprechen mindestens einmal alle drei Monate nach Abschluss der Sitzung vor einem Publikum sprechen. Andernfalls wird man abgestumpft, und die Angst kann sich wieder einschleichen. Außerdem gilt: Je mehr Sie lernen und üben, desto besser werden Sie.

Da haben Sie es also: der Schlüssel zur Überwindung von Kommunikationsphobien. Es mag schwierig sein, die richtigen Werkzeuge zu finden und die eigenen Fehler zu überleben, aber auch das ist möglich. Denken Sie einfach daran, dass es sich lohnt, sich die Mühe zu machen, also geben Sie nicht auf.

WIE MAN SEINE FÄHIGKEITEN ZUM SPRECHEN IN DER ÖFFENTLICHKEIT VERBESSERT UND SEINE ANGST ÜBERWINDET

Wenn es Ihnen wie den meisten Menschen geht, ist eine Wurzelbehandlung besser als eine Rede vor einer Menschenmenge. Öffentliches Reden gehört zu den Dingen, die wir um jeden Preis vermeiden wollen. Wenn Sie hingegen wissen, wie man effektiv vor Menschen spricht, kann sich das in Ihrem Beruf auszahlen.

Ein guter Redner zu sein, kann Ihnen zum Beispiel helfen, Ihren Arbeitgeber oder die Personalabteilung mutig um die verdiente Beförderung zu bitten. Es kann Ihnen helfen, sich auf ein Vorstellungsgespräch für den Job Ihrer Träume vorzubereiten. Es kann Ihnen helfen, eine Präsentation zu halten, die Ihr Team davon überzeugt, eine Ihrer Ideen weiterzuverfolgen, so dass Sie die Aufmerksamkeit der oberen Führungsebene gewinnen und die Karriereleiter weiter erklimmen können. Wenn Sie ein Kleinunternehmer oder Freiberufler sind, kann eine gute Redefähigkeit Ihnen helfen, Ihr Unternehmen weiterzuentwickeln, neue Kunden zu gewinnen oder dringend benötigtes Risikokapital zu erhalten.

Und das sind nur ein paar der Möglichkeiten. Die Verbesserung Ihrer Fähigkeiten, in der Öffentlichkeit zu sprechen, kann Ihnen in vielerlei Hinsicht zugute kommen. Schauen wir uns an, wie Sie Ihre Angst vor öffentlichen Auftritten überwinden und Ihren Vortrag verbessern können.

Die vielen Vorteile des öffentlichen Redens

Laut der National Association of Colleges and Employers (Nationale Vereinigung von Hochschulen und Arbeitgebern) sind verbale Kommunikationsfähigkeiten die wichtigste Eigenschaft, die sie bei Bewerbern suchen. Sie können einen erstklassigen Abschluss und jahrelanges Fachwissen in Ihrem Bereich vorweisen, aber wenn Sie nicht effektiv kommunizieren können, werden Ihre anderen Leistungen nicht zählen.

Es ist wichtig, unter vier Augen kommunizieren zu können, aber es ist auch wichtig, in einer Gruppe kommunizieren zu können. Unabhängig davon, in welcher Branche Sie tätig sind, müssen Sie wahrscheinlich irgendwann vor anderen sprechen. Sie könnten sich in den folgenden Situationen wiederfinden:

- Leitung von regelmäßigen Teamsitzungen
- Ihr Gehalt verhandeln
- Anpreisen der Dienstleistungen Ihres Unternehmens bei potenziellen Kunden
- Schulung neuer Mitarbeiter in Ihrer Organisation
- Teilnahme an einem Vorstellungsgespräch mit einem Einstellungsteam
- einen Vortrag auf einer Fachkonferenz Ihrer Branche halten
- Überzeugen Sie die Unternehmensleitung, Ihr Team nicht zu entlassen

Die Fähigkeit, vor einer Gruppe gut zu kommunizieren, kann auch in Ihrem Privatleben von großem Nutzen sein. Vielleicht leidet die Schule Ihres Kindes unter Haushaltskürzungen und muss geschlossen werden, und Sie möchten bei der nächsten Sitzung des Schulausschusses das Wort ergreifen, um ihn davon zu überzeugen, die Schule ein weiteres Jahr offen zu halten. Vielleicht debattiert Ihre Gemeinde über ein umstrittenes Thema, z. B. ob Fracking innerhalb der Stadtgrenzen erlaubt werden soll oder nicht, und Sie möchten die Angelegenheit vor dem Stadtrat ansprechen.

Ein weiterer Vorteil des öffentlichen Redens ist, dass man lernt, seine Ängste zu überwinden. Ja, es ist schwierig, sich vor andere zu stellen und seinen Standpunkt darzulegen, und Sie müssen oft schnell denken und mit unerwarteten Situationen umgehen. Wenn Sie sich jedoch verbessern, wird Ihr Selbstvertrauen steigen und Ihnen in vielen Bereichen Ihres Lebens neue Türen öffnen.

Wie Sie Ihre Angst vor öffentlichen Reden minimieren können

Laut der Chapman University Survey of American Fears haben 20 % der Amerikaner "Angst" oder "große Angst" davor, eine Rede zu halten. Manche Menschen haben mehr Angst vor dem Sterben als vor einer öffentlichen Rede.

Forschungsergebnissen zufolge ist unsere Angst vor öffentlichen Auftritten so stark, dass sie in der virtuellen Realität nicht einmal verringert wird. In einer Studie, die in der Fachzeitschrift CyberPsychology and Behavior veröffentlicht wurde, forderten Forscher eine Gruppe von Teilnehmern auf, eine Rede in einer Virtual-Reality-Umgebung vor einem virtuellen Publikum zu halten. Obwohl sie wussten, dass sie vor einer Simulation sprachen, zeigte die Gruppe, die Angst vor öffentlichen Auftritten hatte, einen erheblichen Anstieg der Angstsymptome.

Mark Bonchek und Mandy Gonzalez, beide erfahrene Redner, erklären in der Harvard Business Review, dass die Angst vor dem Sprechen in der Öffentlichkeit nie ganz verschwindet. Selbst wenn Sie besser in der Lage sind, in der Öffentlichkeit zu sprechen, können Sie immer noch Schmetterlinge im Bauch oder schwitzige Hände spüren, bevor Sie Ihre nächste wichtige Sitzung leiten. Die gute Nachricht ist, dass Sie Ihre Angst zwar nicht völlig beseitigen können, sie aber so weit reduzieren können, dass Sie Ihr Bestes geben können.

Vorbereiten

Sie haben in einer Stunde eine wichtige Präsentation, und Ihnen läuft die Zeit davon. Ihre Folien sind noch nicht fertig, der Ablauf Ihrer Rede ist noch unübersichtlich, und Sie haben noch nicht einmal geübt. Stellen Sie sich vor, wie nervös Sie in dieser Situation sein würden.

"Neunzig Prozent des Erfolgs eines Vortrags stehen fest, bevor der Redner das Podium betritt", sagte der preisgekrönte Profi-Redner Somers White einmal. Eines der wichtigsten Dinge, die Sie tun können, um Ihre Angst vor öffentlichen Auftritten zu verringern, ist die Vorbereitung. Tiefes Atmen und Visualisierungstechniken werden Ihnen nicht helfen, wenn Sie nicht vorbereitet sind.

Die vollständige Vorbereitung einer Rede oder einer öffentlichen Präsentation nimmt viel Zeit in Anspruch. Einigen Gurus des öffentlichen Redens zufolge sollten Sie für jede Minute Ihrer Rede eine Stunde Vorbereitungszeit einplanen.

Hier ist, was Sie mit der Zeit, die Sie haben, tun sollten.

Schritt 1: Identifizieren Sie Ihren Zweck

"Wenn Sie nicht wissen, was Sie mit Ihrer Präsentation erreichen wollen, werden es Ihre Zuhörer auch nicht wissen", sagte der Bestsellerautor Harvey Diamond.

Überlegen Sie, warum Sie diese Rede oder Präsentation halten. Versuchen Sie, Ihre Zuhörer zu einer Handlung zu bewegen? Ist es etwas, worüber Sie sie aufklären wollen? Versuchen Sie, sie zum Handeln zu überreden?

Bestimmen Sie das "Warum" Ihrer Rede; dies wird Ihnen helfen, sich zu konzentrieren und auf dem richtigen Weg zu bleiben. Schreiben Sie dann einen einzigen Satz, der dieses "Warum" ausdrückt. Sie könnten diesen Satz als Titel für Ihre Rede verwenden, aber zumindest wird er Sie bei der Recherche und Materialsammlung auf dem Laufenden halten.

Schritt 2: Identifizieren Sie Ihr Publikum

Nachdem Sie das "Warum" Ihrer Rede festgelegt haben, überlegen Sie, zu wem Sie sprechen werden. Wenn Sie wissen, wer Ihr Publikum ist, haben Sie bessere Chancen, es anzusprechen. Überlegen Sie sich die folgende Frage: Warum ist dieses Thema für meine Zuhörer relevant? Was sollen die Zuhörer aus meinem Vortrag mitnehmen?

Berücksichtigen Sie dann die Vorkenntnisse und den Kenntnisstand Ihrer Zuhörer. Wenn Sie zum Beispiel mit jemandem sprechen, der mit Ihrem Thema nicht vertraut ist, sollten Sie Jargon oder Fachwörter vermeiden. Wenn Sie es mit Personen zu tun haben, die sich in Ihrer Branche gut auskennen, sind sie mit den weit verbreiteten Begriffen vertraut.

Wenn Sie eine Präsentation vor einem ausländischen Publikum halten, sollten Sie sich im Vorfeld gründlich informieren, um kulturelle Unterschiede zu erkennen, die eine effektive Kommunikation behindern könnten. So können Sie Missverständnisse oder Fehler vermeiden, die Ihrem Ruf schaden könnten.

Sprechen Sie mit dem Sponsor oder Organisator der Veranstaltung, um Ihre Zielgruppe besser kennenzulernen. Dort kann man Ihnen vielleicht sagen, wer am ehesten an Ihrem Vortrag teilnehmen wird. Erstellen Sie eine Liste der Teilnehmer, wenn Sie vor einer Gruppe innerhalb Ihres Unternehmens sprechen, und überlegen Sie, welche Erfahrungen sie haben und wie Ihr Thema ihnen persönlich oder beruflich helfen könnte.

Eine weitere Strategie besteht darin, Besucher zu begrüßen, wenn sie das Gebäude betreten. Dies bietet Ihnen die Möglichkeit, sich nach den Erwartungen und dem Kenntnisstand der Besucher zu erkundigen.

Schritt 3: Erstellen Sie Ihre Gliederung

Nun müssen Sie eine Gliederung für Ihre Rede erstellen. Dieser Plan wird Ihnen als Grundlage für Ihre Bemühungen dienen.

Ihre Gliederung ist zunächst einfach und besteht aus nur drei Hauptkomponenten:

- **Einleitung.** Stellen Sie sich Ihren Zuhörern vor und sagen Sie ihnen, was sie von Ihrem Vortrag erwarten können. Beschreiben Sie in der Einleitung, wie Sie das Problem der Zuhörer lösen (z. B. wie viel Geld sie durch die Inanspruchnahme Ihrer Dienstleistungen sparen können) oder wie sie von dem von Ihnen angebotenen Material profitieren werden, wenn Sie versuchen, die Zuhörer zu einer bestimmten Handlung zu bewegen (z. B. zum Kauf Ihres Produkts).

- **Hauptteil.** Ihre Kernaussage sollte im Hauptteil der Gliederung enthalten sein, der nicht mehr als drei Hauptpunkte umfassen sollte; bei mehr Punkten riskieren Sie, Ihr Publikum zu verlieren. Beginnen Sie damit, jedes Ihrer Hauptargumente zu umreißen, gefolgt von einer Liste der Daten, Zahlen, Geschichten oder Erkenntnisse, die Sie zur Untermauerung dieser Argumente verwenden.

- **Schlussfolgerung.** Ihre Schlussfolgerung sollte alles, was Sie Ihren Zuhörern gerade gesagt haben, so kurz wie möglich zusammenfassen. Sie sollten auch beschreiben, was Ihre Zuhörer mit dem von Ihnen vermittelten Wissen tun sollen. Welche Maßnahmen sollen die Zuhörer schließlich ergreifen?

Überlegen Sie, welche Geschichten Sie verwenden können, um eine bessere Verbindung zu Ihren Zuhörern herzustellen, wenn Sie beginnen, Ihre Rede vorzubereiten und zu verfassen. Ja, die Zuhörer sind da, um etwas Neues zu lernen, aber sie wollen auch Sie kennen lernen und Ihre Begeisterung für das Thema teilen. Welche Möglichkeiten gibt es, Ihre Rede persönlicher zu gestalten?

Schritt 4: Organisieren Sie Ihre visuellen Hilfsmittel

Laut Toastmasters International erinnern sich die Menschen an 40 Prozent mehr, wenn sie etwas gleichzeitig hören und sehen. Zu viele Redner hingegen nutzen ihre visuellen Hilfsmittel als Krücke, indem sie eine Vielzahl von Folien produzieren und diese dann auf der Bühne wie Stichwortkarten ablesen. Das ermüdet Ihr Publikum schnell, und genau das wollen Sie nicht.

Ein Sprichwort besagt, dass ein Bild mehr sagt als tausend Worte, aber Sie müssen sicherstellen, dass es ein gutes Bild ist. Verwenden Sie visuelle Hilfsmittel, um Ihre wichtigsten Punkte hervorzuheben, und wählen Sie Fotos und Grafiken, die Emotionen ausdrücken oder Informationen verdeutlichen.

Denken Sie daran, dass PowerPoint zwar nützlich sein mag, aber für Ihr Publikum auch ermüdend werden kann. Die Anzahl der Wörter auf jeder Folie sollte auf ein absolutes Minimum beschränkt werden. Je mehr Sie sprechen, anstatt abzulesen, desto glaubwürdiger wirken Sie. Es ist auch eine gute Idee, eine Vielzahl von visuellen Hilfsmitteln zu verwenden, um Ihre Argumente zu vermitteln, wie z. B. Folien und konkrete Gegenstände.

Schritt 5: Üben, üben, üben

Ihre Rede kann fesselnd und gut recherchiert sein. Sie kann einige lustige Witze und herzliche Geschichten enthalten. Das alles ist egal, wenn Sie nicht üben und dann noch mehr üben. Ihre Rede wird flach ausfallen und Ihre Zuhörer falsch informiert und uninspiriert zurücklassen.

Jedes Mal, wenn Sie üben, werden Sie ein wenig besser werden. Sie werden den Inhalt studieren, erkennen, welche Sätze unbequem oder umständlich sind, und ein besseres Verständnis dafür entwickeln, wie jedes Ihrer Argumente mühelos in das nächste übergehen sollte.

Üben Sie zunächst vor einem Spiegel. Sehen Sie sich so oft wie möglich in die Augen und konzentrieren Sie sich darauf, sich den Stoff einzuprägen, damit Sie sich nicht so sehr auf Ihre Stichwortzettel verlassen müssen. Üben Sie von Anfang an mit Ihren visuellen Hilfsmitteln (ja, auch vor dem Spiegel). Wenn der große Tag gekommen ist, wird es Ihnen zur zweiten Natur werden, sie zu benutzen.

Üben Sie vor einem Publikum, nachdem Sie mit Ihrem Thema zufrieden sind. Das kann ein Mitglied Ihrer Familie, eine Gruppe von Kollegen oder sogar Ihr Haustier sein. Sie werden überrascht sein, wie sehr sich die Art und Weise, wie Sie Ihre Botschaft vermitteln, verändert, wenn Sie sich mit Fremden unterhalten.

Um Ihre Fähigkeit, selbstständig zu denken, zu verbessern, bitten Sie Ihre Freunde und Verwandten, Ihnen zum Schluss schwierige Fragen zu stellen. Bitten Sie sie auch um offene Kommentare, z. B.:

- Sind Ihre Witze lustig, oder gehen sie am Thema vorbei?
- Wirkten Sie nervös oder natürlich?
- Waren Ihre Ausführungen logisch und leicht nachvollziehbar?
- War eine Ihrer Gesten ablenkend?
- War Ihr Tempo langsam genug?

- Waren Ihre visuellen Hilfsmittel eine Hilfe oder ein Hindernis für Ihre Botschaft?

Wenn Sie die Möglichkeit haben, nehmen Sie diese Übungsrede auf, damit Sie sie später überprüfen können. Achten Sie genau auf Ihre Atmung und das Tempo, mit dem Sie Ihre Botschaft vortragen; es kann sein, dass Sie aus Nervosität zu schnell sprechen. Versuchen Sie beim nächsten Mal, langsamer zu sprechen und tief durchzuatmen.

Jede Übung sollte so behandelt werden, als ob es sich um das eigentliche Geschäft handeln würde. Gehen Sie nicht nur die Bewegungen durch oder murmeln Sie Ihre wichtigsten Punkte, während Sie Ihre Folien durchblättern. Achten Sie beim Üben darauf, dass Sie alle Pausen und Übergänge mit einbeziehen. Sie werden am großen Tag viel geschliffener und selbstbewusster sein, wenn Sie sich jedes Mal so verhalten, als wäre es echt.

Und schließlich sollten Sie Ihre Rede nach Möglichkeit in der Umgebung proben, in der sie gehalten werden soll. Wenn Sie z. B. eine Rede im Sitzungssaal Ihres Unternehmens halten, üben Sie dort. Wenn Sie eine Präsentation auf einer Messe halten, reisen Sie dorthin und üben Sie.

Wenn Sie in Ihrer endgültigen Umgebung üben, werden Sie sich viel wohler fühlen, wenn es an der Zeit ist, Ihre Rede zu halten. Sie werden mit der Raumaufteilung vertraut sein, wissen, wie Sie die audiovisuellen Geräte bedienen können und wie viel Platz Sie haben, um sich zu bewegen.

Schreiben Sie Ihre Ängste auf

Eine der wirksamsten Methoden, um Ihre Bedenken zu überwinden, ist die Vorbereitung auf Ihre Rede. Denn wenn Sie sich Ihrer Sache sicher sind, wird Ihr Selbstvertrauen automatisch steigen. Sie können jedoch noch mehr tun.

Bonchek und Gonzalez raten in ihrem Artikel in der Harvard Business Review dazu, offen über Ihre Ängste zu sprechen. Setzen Sie sich zunächst hin und schreiben Sie eine Liste mit all Ihren Ängsten vor öffentlichen Auftritten. Erstellen Sie eine möglichst genaue Liste Ihrer Ängste. Stellen Sie sich dann für jede Sorge ein Worst-Case-Szenario und ein Best-Case-Szenario vor.

Sie könnten befürchten, dass Ihre visuellen Hilfsmittel nicht mehr funktionieren, sobald Sie auf der Bühne stehen. Was könnte bei diesem Szenario schief gehen? Sie könnten überrumpelt werden und Ihre Rede stotternd vortragen. Üben Sie, was Sie tun werden, wenn Ihre Ausrüstung ausfällt, um dies zu vermeiden. Was ist das beste Szenario für diesen Fall? Sie könnten gezwungen sein, zu improvisieren, und am Ende eine viel kraftvollere und gefühlvollere Rede halten, als wenn Sie sich sorgfältig an Ihre Notizen und Folien gehalten hätten.

Wir neigen dazu, unsere schlimmsten Fälle zu betonen und die besten Alternativen zu ignorieren. Die Realität liegt häufig in der Mitte zwischen diesen beiden Extremen. Wenn Sie Ihre Bedenken äußern, können Sie eine Strategie entwickeln, wie Sie mit ihnen umgehen, wenn sie auftreten.

Wie Sie Ihre Fähigkeiten als Redner in der Öffentlichkeit verbessern können

Es ist wichtig, dass Sie Ihre Angst vor öffentlichen Auftritten überwinden. Denn wenn Sie Angst vor dem Sprechen haben, haben Sie weder intellektuell noch emotional viel Spielraum, um Ihre Fähigkeiten zu verbessern.

Es gibt viele Methoden, die Sie anwenden können, um sich in einen selbstbewussten, fesselnden Redner zu verwandeln, sobald Sie Ihre Rede geplant und genug geübt haben, um Ihren Inhalt in- und auswendig zu kennen.

1. Nutzen Sie die Stille zu Ihrem Vorteil

"Das Schönste am Sprechen sind die Pausen", sagt der Schauspieler Sir Ralph Richardson. Er sprach zwar über die Schauspielerei, aber er bezog sich auch auf das Sprechen in der Öffentlichkeit.

Eine gut getimte Pause ermöglicht es Ihren Zuhörern, einige Sekunden lang zu verdauen, was Sie ihnen wirklich sagen wollen. Pausen können Ihren Ausführungen auch mehr Dramatik und emotionale Wirkung verleihen. Suchen Sie nach Stellen, an denen Sie Pausen einbauen können, um Ihre wichtigsten Ideen zu betonen, während Sie proben.

2. Üben Sie Ihre Gesten

Ihre Körpersprache sagt Ihrem Publikum mehr, als Ihre Worte es je könnten.

Die Körpersprache erfolgreicher Führungskräfte in verschiedenen Bereichen wurde von Forschern des Zentrums für Körpersprache untersucht. Laut Kasia Wezowski, Autorin der Harvard Business Review, können die richtigen Gesten dazu beitragen, dass Sie Vertrauen zu Ihrem Publikum aufbauen und gleichzeitig bequem und selbstbewusst wirken.

Eine der besten Gesten, um Vertrauen zu schaffen, ist zum Beispiel die "Clinton Box", benannt nach dem ehemaligen Präsidenten Bill Clinton. Laut Wezowski hat Clinton zu Beginn seiner politischen Karriere in seinen Reden weite, ausladende Bewegungen gemacht, die ihn für seine Zuhörer nicht vertrauenswürdig erscheinen ließen. Seine Trainer rieten ihm, sich eine Box vor Brust und Bauch vorzustellen und die Hände innerhalb dieser Box zu halten, um seine Bewegungen zu regulieren. Ihr Publikum wird Ihnen eher glauben, dass Sie die Wahrheit sagen, wenn Sie die "Clinton-Box" verwenden.

Sie können eine Reihe weiterer körpersprachlicher Methoden einsetzen, um Ihrem Publikum wichtige Signale zu vermitteln. Wenn Sie in einer Besprechung mit Ihren Händen eine Pyramide oder einen Turm bilden, können Sie anderen vermitteln, dass Sie ruhig und selbstbewusst sind. Halten Sie Ihre Beine schulterbreit auseinander, wenn Sie stehen; eine breitere Körperhaltung vermittelt mehr Selbstvertrauen.

3. Ein freundliches Gesicht finden

Sie sind nervös und bereiten sich darauf vor, in weniger als einer Minute die Bühne zu betreten. Was können Sie tun, um sich zu entspannen?

Eine Methode, sich zu erden, ist es, die Augen zu schließen und mehrere lange, ruhige Atemzüge zu machen. Statt zu denken, konzentrieren Sie sich ausschließlich auf das Geräusch Ihres Atems. Spüren Sie den Boden unter Ihren Füßen.

Eine andere Strategie besteht darin, in der Menge nach einem oder zwei freundlichen Gesichtern zu suchen. Gehen Sie davon aus, dass sich diese Leute für Ihr Angebot interessieren und dass es sich um angenehme Menschen handelt. Konzentrieren Sie sich darauf, sich in den ersten Sekunden oder sogar Minuten mit ihnen zu unterhalten. Das kann Ihnen helfen, sich zu entspannen, während Sie mit Ihrer Rede in Schwung kommen. Nehmen Sie Augenkontakt mit anderen im Raum auf, wenn Sie weniger ängstlich sind.

4. Nehmen Sie vor Ihrem Vortrag eine Power-Pose ein

Amy Cuddy, Professorin an der Harvard Business School, behauptet in ihrem TED-Vortrag "Your Body Language May Shape Who You Are", dass das Halten bestimmter Körperpositionen für nur zwei Minuten den Testosteronspiegel im Körper erhöhen kann. Dieser Testosteronschub kann dazu beitragen, dass Sie sich weniger gestresst und selbstbewusster fühlen, egal ob Sie ein Mann oder eine Frau sind.

Diese Positionen, die Cuddy als "Ausdruck von Macht" bezeichnet, sind so alt wie die menschliche Spezies selbst. Diese Haltungen werden von Tieren genutzt, um in einer Vielzahl von Situationen Selbstvertrauen und Autorität zu demonstrieren.

Alles, was Sie größer erscheinen lässt, ist ein Hinweis auf eine kraftvolle Haltung. Nehmen Sie deshalb einen breiten Stand ein, mit weit gespreizten Beinen und ausgestreckten Armen, oder stellen Sie sich auf die Zehenspitzen und strecken Sie sich in den Himmel. Das Ziel ist es, so viel Raum wie möglich einzunehmen. Denken Sie daran, jede Haltung mindestens zwei Minuten lang einzunehmen.

Wenn Sie dies unmittelbar vor Ihrer Rede in einer ruhigen Ecke tun, werden Sie erstaunt sein, wie sehr dies die Nervosität verringert und das Selbstvertrauen stärkt.

5. Treten Sie einem Club für öffentliche Reden bei

Die größte Organisation für öffentliches Sprechen in der Welt ist Toastmasters International. Sie wurde 1924 mit dem Ziel gegründet, Menschen dabei zu helfen, ihre Fähigkeiten im öffentlichen Reden und in der Führung zu verbessern. Derzeit gibt es rund 354.000 Mitglieder aus 141 Ländern.

Toastmasters International ermöglicht es Ihnen, durch Handeln zu lernen. Als Mitglied müssen Sie mehrere Reden vor einem Publikum halten. Sie werden mit einem Mentor zusammenarbeiten, der ein erfahrener Redner ist, und Sie erhalten nach jeder Rede ein direktes Feedback von Ihrem Publikum. Es ist ein echter Test des Willens, mit viel Unterstützung und Coaching auf dem Weg.

Ihre Fähigkeit, in der Öffentlichkeit wirksam zu kommunizieren, kann sich erheblich auf Ihren beruflichen und persönlichen Erfolg auswirken. Wenn Sie diese Fähigkeiten verfeinern, können Sie andere davon überzeugen, ihre Meinung zu ändern oder den Wert Ihrer Ideen zu erkennen. Das Vertrauen in Ihre Fähigkeit, vor einer Gruppe zu sprechen, kann Ihnen helfen, in einem konkurrierenden Unternehmen sichtbar zu bleiben, Beförderungen zu erhalten, die Sie sonst nicht bekommen hätten, und neue Kunden und Verbraucher für Ihr Unternehmen zu begeistern.

Einfach ausgedrückt: Ein guter Redner zu sein, hilft Ihnen, eine felsenfeste Glaubwürdigkeit aufzubauen, aber es kostet Zeit und Mühe. Also machen Sie sich an die Arbeit!

VERSTÄNDNIS VON KÖRPERSPRACHE UND MIMIK IN DER KOMMUNIKATION

Was ist Körpersprache?

Gute Kommunikation ist zwar sowohl in persönlichen als auch in beruflichen Beziehungen wichtig, aber die nonverbalen Hinweise oder die "Körpersprache" sind am aussagekräftigsten. Körpersprache ist die nonverbale Kommunikation von nonverbalem Verhalten, Gesten und Manierismen, die häufig intuitiv und nicht bewusst erfolgt.

GESICHTSAUSDRUCK

Wenn Sie mit anderen in Kontakt treten, senden und empfangen Sie, ob Sie sich dessen bewusst sind oder nicht, immer auch nonverbale Botschaften. Alle Ihre nonverbalen Verhaltensweisen - Ihre Gesten, Ihre Körperhaltung, Ihr Tonfall und die Intensität des Augenkontakts - vermitteln wichtige Botschaften. Sie können Menschen entweder beruhigen, Vertrauen schaffen und andere für Sie gewinnen, oder sie können beleidigen, verwirren und von dem ablenken, was Sie zu vermitteln versuchen. Diese Signale wirken weiter, auch wenn Sie aufhören zu sprechen. Auch wenn Sie nichts sagen, kommunizieren Sie nonverbal.

Was Sie sagen und was Sie durch Ihre Körpersprache ausdrücken, können in manchen Fällen zwei völlig verschiedene Dinge sein. Wenn Sie das eine sagen und Ihre Körpersprache etwas anderes suggeriert, wird Ihr Publikum höchstwahrscheinlich glauben, dass Sie lügen. Wenn Sie zum Beispiel "Ja" sagen und gleichzeitig den Kopf schütteln "Nein". Bei einem solchen Wirrwarr von Signalen muss der Zuhörer entscheiden, ob er Ihrer verbalen oder nonverbalen Kommunikation vertrauen soll. Er wird sich höchstwahrscheinlich für die nonverbale Botschaft entscheiden, da die Körpersprache eine natürliche, unbewusste Sprache ist, die Ihre tatsächlichen Gefühle und Absichten offenbart.

Wenn Sie Ihre nonverbale Kommunikation besser verstehen und einsetzen, können Sie vermitteln, was Sie wirklich meinen, bessere Kontakte knüpfen und tiefere, erfüllendere Beziehungen aufbauen.

Die Bedeutung der nonverbalen Kommunikation

Ihre nonverbalen Signale - die Art und Weise, wie Sie zuhören, aussehen, sich bewegen und reagieren - verraten der anderen Person, ob sie Ihnen wichtig ist, ob Sie aufrichtig sind und wie gut Sie zuhören. Wenn Ihre nonverbalen Signale mit dem übereinstimmen, was Sie sagen, wachsen Vertrauen, Klarheit und Beziehung. Wenn sie nicht übereinstimmen, können Spannungen, Misstrauen und Missverständnisse entstehen.

Wenn Sie Ihre Kommunikationsfähigkeiten verbessern wollen, müssen Sie sich nicht nur der Körpersprache und der nonverbalen Zeichen anderer bewusst werden, sondern auch Ihrer eigenen.

Die nonverbale Kommunikation kann fünf Rollen spielen:

- **Wiederholung:** Es verstärkt und wiederholt die Botschaft, die Sie verbal vermitteln.
- **Widersprüchlichkeit:** Er könnte der Botschaft, die Sie vermitteln wollen, widersprechen und implizieren, dass Sie Ihrem Publikum nicht die Wahrheit vermitteln.
- **Substitution:** Sie kann anstelle einer stimmlichen Mitteilung verwendet werden. Ihr Gesichtsausdruck zum Beispiel kann oft eine wesentlich stärkere Botschaft vermitteln als Worte allein.
- **Ergänzend:** Es könnte Ihre mündliche Aussage ergänzen oder vervollständigen. Wenn Sie als Vorgesetzter einem Mitarbeiter nicht nur auf die Schulter klopfen, sondern auch Ihre Wertschätzung zum Ausdruck bringen, hat Ihre Botschaft eine größere Wirkung.
- **Akzentuierung:** Sie kann verwendet werden, um eine gesprochene Aussage zu betonen oder zu unterstreichen. Wenn Sie zum Beispiel auf den Tisch hauen, kann das die Bedeutung Ihrer Aussage unterstreichen.

Arten der nonverbalen Kommunikation

Im Folgenden finden Sie Beispiele für nonverbale Kommunikation oder Körpersprache:

- **Gesichtsausdrücke.** Das menschliche Gesicht ist unglaublich ausdrucksstark und in der Lage, eine breite Palette von Emotionen zu vermitteln, ohne etwas zu sagen. Im Gegensatz zu bestimmten anderen Arten der nonverbalen Kommunikation ist die Mimik universell. In allen Zivilisationen sind die Gesichtsausdrücke für Freude, Trauer, Wut, Überraschung, Angst und Verachtung dieselben.

- **Körperbewegung und -haltung.** Überlegen Sie, wie die Art und Weise, wie eine Person sitzt, sich bewegt, steht oder den Kopf hält, Ihre Meinung über sie beeinflusst. Die Art und Weise, wie Sie gehen und sich verhalten, sendet eine Menge Informationen an den Rest der Welt aus. Ihre Körperhaltung, Ihr Auftreten, Ihre Haltung und Ihre subtilen Bewegungen sind alles Beispiele für nonverbale Kommunikation.

- **Gesten.** Unser tägliches Leben ist durch Gesten miteinander verbunden. Bei Streitigkeiten oder angeregten Gesprächen kann man winken, auf etwas zeigen, rufen oder die Hände benutzen, wobei man sich oft ohne nachzudenken mit Gesten ausdrückt. Die Bedeutung einiger Gesten ist jedoch in den verschiedenen Kulturen sehr unterschiedlich. Während beispielsweise das Handzeichen "OK" in englischsprachigen Ländern in der Regel eine positive Botschaft vermittelt, wird es in Deutschland, Russland und Brasilien als beleidigend empfunden. Daher ist es wichtig, bei der Verwendung von Gesten vorsichtig zu sein, um Missverständnisse zu vermeiden.

- **Blickkontakt.** Da der Hauptsinn der meisten Menschen das Sehen ist, ist der Augenkontakt eine besonders wichtige Art der nonverbalen Kommunikation. Die Art und Weise, wie Sie jemanden anstarren, kann vieles ausdrücken, z. B. Neugierde, Zuneigung, Hass oder Verlangen. Die Aufrechterhaltung des Augenkontakts ist auch wichtig, um den Gesprächsfluss aufrechtzuerhalten und die Aufmerksamkeit und Reaktion des Gegenübers zu bewerten.

- **Berührung.** Berührung ist ein mächtiges Kommunikationsmittel. Denken Sie daran, wie ein schwacher Händedruck, eine liebevolle Umarmung, ein herablassender Klaps auf den Kopf oder ein dominanter Griff in den Arm völlig unterschiedliche Bedeutungen vermitteln.

- **Freiraum.** Haben Sie sich während eines Gesprächs schon einmal unwohl gefühlt, weil jemand zu nahe bei Ihnen stand und Ihren persönlichen Raum verletzte? Wir alle brauchen körperlichen Freiraum, aber wie viel Freiraum wir brauchen, hängt von der Kultur, dem Kontext und der Intimität der Beziehung ab. Körperlicher Abstand kann genutzt werden, um eine Vielzahl von nonverbalen Botschaften auszudrücken, z. B. als Zeichen von Nähe und Zuneigung, Aggressivität und Autorität.

- **Die Stimme.** Es kommt nicht nur darauf an, was Sie sagen, sondern auch darauf, wie Sie es sagen. Andere Menschen "lesen" Ihre Stimme zusätzlich zu den Worten, die Sie sprechen. Ihr Timing und Ihre Geschwindigkeit, die Lautstärke, die Sie sprechen, Ihr Tonfall und Ihre Intonation sowie Geräusche, die auf Ihr Verständnis hinweisen, wie z. B. "ahh" und "uh-huh", sind alles Dinge, auf die Kinder achten. Überlegen Sie, wie Ihr Tonfall Sarkasmus, Wut, Zärtlichkeit oder Zuversicht vermitteln kann.

Kann man nonverbale Kommunikation vortäuschen?

Es gibt mehrere Bücher und Websites, die Anleitungen für den effektiven Einsatz der Körpersprache bieten. Um selbstbewusst zu wirken oder Kontrolle zu zeigen, kann man dort lernen, wie man sich auf eine bestimmte Art und Weise hinsetzt, die Finger verschränkt oder Hände schüttelt. Aber in Wirklichkeit sind solche Tricks unwahrscheinlich (es sei denn, Sie fühlen sich wirklich selbstbewusst und haben die Kontrolle). Das liegt daran, dass Sie nicht alle Signale kontrollieren können, die Sie aussenden, um zu zeigen, was Sie tatsächlich denken und fühlen. Und je mehr Sie sich bemühen, desto abwegiger erscheinen Ihre Signale.

Das heißt aber nicht, dass Sie keinen Einfluss auf Ihre nonverbalen Signale haben. Wenn Sie mit dem, was jemand sagt, nicht einverstanden sind oder es hassen, könnten Sie beispielsweise eine negative Körpersprache verwenden, um die Botschaft abzulehnen, z. B. indem Sie die Arme verschränken, den Blickkontakt vermeiden oder mit dem Fuß wippen. Sie müssen nicht mit dem, was gesagt wird, einverstanden sein oder es sogar mögen, aber wenn Sie erfolgreich kommunizieren und vermeiden wollen, dass Ihr Gegenüber in die Defensive gerät, sollten Sie aufgeschlossen sein und wirklich versuchen zu verstehen, was er sagt und warum er es ausdrückt.

Wie nonverbale Kommunikation schief gehen kann

Was Sie mit Ihrer Körpersprache und Ihren nonverbalen Hinweisen sagen, hat Auswirkungen darauf, wie andere Sie sehen, wie sehr sie Sie mögen und respektieren und ob sie Ihnen vertrauen oder nicht. Leider vermitteln viele Menschen unbewusst verwirrende oder unvorteilhafte nonverbale Botschaften. Wie die folgenden Beispiele zeigen, schadet dies sowohl der Verbindung als auch dem Vertrauen in Beziehungen:

Jack

Jack glaubt, dass er mit seinen Kollegen gut auskommt, aber wenn Sie einen von ihnen fragen, werden sie Ihnen sagen, dass er "einschüchternd" und "extrem intensiv" ist. Anstatt Sie nur anzusehen, scheint er Sie mit seinem Blick zu verschlingen. Wenn er Ihre Hand ergreift, stürzt er sich auf sie und drückt sie so fest, dass sie schmerzt. Jack ist ein mitfühlender Mensch, der sich insgeheim wünscht, mehr Freunde zu haben, aber seine nonverbale Schüchternheit hält andere auf Distanz und hindert ihn daran, im Beruf voranzukommen.

Arlene

ist wunderschön und hat kaum Probleme, begehrenswerte Männer kennenzulernen, aber sie hat Schwierigkeiten, eine Beziehung länger als ein paar Monate aufrechtzuerhalten. Arlene ist amüsant und fesselnd, doch trotz ihres ständigen Lachens und Lächelns strahlt sie Stress aus. Ihre Schultern und Augenbrauen sind hochgezogen, ihre Stimme ist laut, und ihr Körper ist steif. Viele Menschen fühlen sich besorgt und unwohl, wenn sie in Arlenes Nähe sind. Arlene hat viel zu bieten, aber das wird überschattet von dem Unbehagen, das sie bei anderen auslöst.

Ted

Als er Sharon kennenlernte, hatte er das Gefühl, die perfekte Partnerin gefunden zu haben, aber Sharon war sich da nicht so sicher. Ted ist attraktiv, fleißig und wortgewandt, aber er schien sich mehr um seine eigenen Ansichten zu kümmern als um die von Sharon. Ted war immer mit wilden Augen und einer Erwiderung zur Stelle, wenn Sharon etwas zu sagen hatte, bevor sie ihren Gedanken zu Ende führen konnte. Sharon fühlte sich daraufhin übergangen und begann kurz darauf, sich mit anderen Männern zu treffen. Ted leidet bei der Arbeit unter demselben Problem. Viele der Personen, die er bewundert, mögen ihn nicht, weil er ihnen nicht zuhören will.

Diese intelligenten, wohlmeinenden Menschen schaffen es nicht, mit anderen in Kontakt zu treten. Das Bedauerliche daran ist, dass sie die nonverbalen Botschaften, die sie aussenden, gar nicht wahrnehmen.

Es ist von entscheidender Bedeutung, die Körpersprache zu verstehen und zu interpretieren und Ihre nonverbalen Kommunikationsfähigkeiten zu verbessern, wenn Sie effektiv kommunizieren, Missverständnissen vorbeugen und solide, vertrauensvolle Beziehungen sowohl im privaten als auch im beruflichen Bereich aufbauen wollen.

Wie man die nonverbale Kommunikation verbessert

Nonverbale Kommunikation ist ein schnelles Hin und Her, das Ihre volle Konzentration auf den gegenwärtigen Moment erfordert. Wenn Sie darüber nachdenken, was Sie als Nächstes sagen werden, auf Ihr Telefon schauen oder an etwas anderes denken, werden Sie nonverbale Zeichen fast garantiert übersehen und nicht ganz verstehen, was gesagt wird. Sie können Ihre nonverbale Kommunikation verbessern, indem Sie lernen, mit Stress umzugehen und Ihr emotionales Bewusstsein zu schärfen, um ganz präsent zu sein.

Lernen Sie, Stress im Moment zu bewältigen

Ihre Kommunikationsfähigkeit wird durch Stress beeinträchtigt. Wenn Sie gestresst sind, neigen Sie eher dazu, andere falsch zu interpretieren, verwirrende oder unangenehme nonverbale Botschaften zu vermitteln und in schädliche reflexartige Verhaltensmuster zu verfallen. Denken Sie auch daran, dass Emotionen ansteckend sind. Wenn Sie gereizt sind, ist die Wahrscheinlichkeit größer, dass Sie andere verärgern, was eine schlechte Situation noch verschlimmert.

Machen Sie eine Pause, wenn Sie sich von der Spannung überwältigt fühlen. Bevor Sie sich wieder in das Gespräch stürzen, nehmen Sie sich eine Minute Zeit, um sich zu entspannen. Wenn Sie Ihr emotionales Gleichgewicht wiederhergestellt haben, werden Sie das Thema besser bewältigen können.

Die schnellste und effektivste Methode, um sich zu entspannen und Stress zu bewältigen, ist die Nutzung Ihrer Sinne - was Sie sehen, hören, riechen, schmecken und berühren - oder eine beruhigende Aktivität. Sie können sich sofort entspannen und neu konzentrieren, wenn Sie sich ein Foto Ihres Kindes oder Ihres Haustiers ansehen, Ihr Lieblingsparfüm einatmen, Musik hören oder einen Stressball drücken. Da jeder Mensch anders reagiert, müssen Sie vielleicht einige verschiedene Sinneserfahrungen ausprobieren, um diejenige zu finden, die für Sie am besten funktioniert.

Entwickeln Sie Ihr emotionales Bewusstsein

Sie müssen sich Ihrer Emotionen bewusst sein und wissen, wie sie auf Sie wirken, um die richtigen nonverbalen Botschaften zu vermitteln. Sie müssen auch in der Lage sein, die Emotionen anderer Menschen und die wahren Gefühle zu erkennen, die den von ihnen übermittelten Signalen zugrunde liegen. Hier kommt die emotionale Intelligenz ins Spiel.

Emotionales Bewusstsein befähigt Sie dazu:

- Andere Menschen genau zu deuten, insbesondere ihre Emotionen und nonverbalen Signale.
- Schaffen Sie Vertrauen in Beziehungen, indem Sie nonverbale Hinweise geben, die dem entsprechen, was Sie sagen.
- Reagieren Sie auf eine Art und Weise, die den Menschen zeigt, dass Sie sich ihrer Situation bewusst sind und dass sie Ihnen am Herzen liegen.

Da wir darauf trainiert wurden, unsere Gefühle abzuschalten, sind viele von uns von ihren Emotionen losgelöst - insbesondere von starken Gefühlen wie Wut, Trauer und Angst. Sie können Ihre Gefühle zurückweisen oder abschwächen, aber Sie können sie nicht loswerden. Sie sind immer noch da und haben immer noch Einfluss auf Ihr Handeln. Sie können mehr Kontrolle über Ihr Denken und Handeln erlangen, indem Sie Ihr emotionales Bewusstsein schärfen und sich selbst mit den unangenehmsten Gefühlen auseinandersetzen.

Wie man Körpersprache liest

Sie können besser mit Stress umgehen und Emotionen erkennen, wenn Sie Ihre Fähigkeit, nonverbale Signale von anderen zu lesen, geschärft haben. Das ist auch wichtig:

Achten Sie auf Unstimmigkeiten. Was gesagt wird, sollte durch nonverbale Kommunikation verstärkt werden. Spricht die Person eine Sache, drückt aber durch ihre Körpersprache eine andere Botschaft aus? Sagt sie zum Beispiel "Ja" und schüttelt den Kopf "Nein"?

Schauen Sie sich die nonverbalen Kommunikationsmittel gemeinsam an. Verlassen Sie sich nicht zu sehr auf eine einzelne nonverbale Andeutung oder Geste. Achten Sie auf alle nonverbalen Hinweise, die Sie erhalten, vom

Augenkontakt über den Tonfall der Stimme bis hin zur Körpersprache. Stimmen ihre nonverbalen Hinweise mit dem überein, was sie sagen, oder stimmen sie nicht mit dem überein, was sie sagen, wenn man alles zusammennimmt? Vertrauen Sie auf Ihr Bauchgefühl. Missachten Sie Ihre Instinkte nicht. Sie können eine Diskrepanz zwischen verbalen und nonverbalen Hinweisen feststellen, wenn Sie das Gefühl haben, dass jemand nicht ehrlich ist oder dass die Dinge nicht zusammenpassen.

Nonverbale Signale auswerten

Blickkontakt - Schaut Ihnen die andere Person in die Augen? Ist er zu intensiv oder genau richtig, wenn ja?

Gesichtsausdruck - Wie ist der Gesichtsausdruck? Ist er maskenhaft und unkommunikativ oder emotional präsent und fesselnd?

Tonfall - Ist die Stimme der Person angestrengt und blockiert, oder drückt sie Wärme, Vertrauen und Interesse aus?

Körperhaltung und Gestik - Ist ihr Körperbau locker und flexibel oder straff und starr? Haben sie angespannte und hochgezogene Schultern oder entspannte Schultern?

Berührung - Gibt es irgendeine Art von körperlicher Berührung? Ist sie unter diesen Umständen akzeptabel? Fühlen Sie sich dabei unwohl?

Intensität - Ist die Person fade, kalt und uninteressiert oder theatralisch und überdreht?

Zeit und Ort - Fließen die Daten reibungslos hin und her? Ist es möglich, dass nonverbale Antworten zu schnell oder zu langsam gegeben werden?

Geräusche - Hören Sie Geräusche, die auf Interesse, Fürsorge oder Besorgnis bei der Person hinweisen?

Vier Gründe, warum es wichtig ist, die nonverbale Kommunikation zu verstehen

Das Verständnis der vielen Formen der nonverbalen Kommunikation ist wichtig, um die Signale, die Sie aussenden, zu kontrollieren und den emotionalen Zustand anderer zu entschlüsseln.

Hier sind einige Beispiele dafür, wie die Kenntnis nonverbaler Hinweis
Ihnen helfen kann, effektiver zu kommunizieren:

- **Um Interesse zu zeigen:** Nonverbale Signale sind eine fantastisch
  Methode, um anderen zu zeigen, dass Sie aufmerksam und engagier
  sind. Wenn Sie Ihre Körperhaltung kontrollieren und Blickkontak
  halten, können Sie anderen zeigen, dass Sie sich für das interessierer
  was sie zu sagen haben.

- **Um eine bestimmte Bedeutung zu vermitteln:** Viele Wörter habe
  eine Vielzahl von Bedeutungen, und was wir sagen, wird häufi
  missverstanden. Fehlinterpretationen und Missverständnisse lasse
  sich vermeiden, wenn Sie lernen, Ihre Worte durch nonverbal
  Kommunikation zu ergänzen.

- **Um eine Verbindung herzustellen:** Nonverbale Kommunikation is
  eine hervorragende Technik, um Beziehung und Vertraue
  aufzubauen. Es ist kein Zufall, dass in vielen Kulturen körperlich
  Gesten wie Händeschütteln und Umarmungen bei bestimmten Arte
  von intimen Begegnungen als notwendig erachtet werden.

- **Um Authentizität zu zeigen:** Ihre nonverbale Kommunikation träg
  wesentlich dazu bei, Ihren Gesprächspartnern die Aufrichtigkeit Ihre
  Gefühle zu vermitteln. Ein direkter Augenkontakt und ein
  selbstbewusste Haltung, die Ihre ehrlichen Worte begleiten, könne
  Ihren Gesprächspartnern zeigen, dass Sie Ihre ehrlichen Gefühle zun
  Ausdruck bringen.

NONVERBALE KOMMUNIKATION: DIE BEDEUTUNG VON KÖRPERSPRACHE UND NONVERBALEN HINWEISEN IN DER GESCHÄFTSWELT

Jeden Tag interagieren wir mit unserer Familie, Freunden, Kollegen und sogar Fremden, doch nur ein kleiner Teil dessen, was wir sagen, ist verbal. Untersuchungen zufolge ist der Großteil dessen, was wir im Umgang mit anderen kommunizieren, natürlich und instinktiv und wird als nonverbale Kommunikation bezeichnet. Körpersprache und Körperhaltung, Emotionen im Gesicht, Augenkontakt, Handgesten und Stimmlage spielen eine Rolle dabei, wie wir miteinander kommunizieren und einander verstehen. Da diese Verhaltensweisen der menschlichen Sprache innewohnen und in unser tägliches Leben integriert sind, sind wir uns oft nicht bewusst, dass wir an der zwischenmenschlichen, nonverbalen Kommunikation beteiligt sind.

Für Geschäftsleute ist eine klare und effektive Kommunikation mit Kunden, Klienten und Mitarbeitern entscheidend für den Erfolg des Unternehmens. Allzu häufig wird der Handel jedoch über das Telefon, per Chat oder über andere Kommunikationsmittel abgewickelt, bei denen nonverbale Kontext-Signale verloren gehen. Der Einsatz von hochauflösender Videokonferenztechnologie für persönliche Gespräche stellt dagegen sicher, dass die nonverbale Kommunikation bei wichtigen Geschäftsgesprächen erhalten bleibt.

Wie viel Prozent der Kommunikation ist nonverbal?

Zu dem komplizierten Thema der nonverbalen Kommunikation wurden zahlreiche Untersuchungen durchgeführt, die zu unterschiedlichen Ergebnissen führten. Die meisten Experten sind jedoch der Meinung, dass die nonverbale Kommunikation 70 bis 93 Prozent der gesamten Kommunikation ausmacht.

Dr. Mehrabian führte in den 1960er Jahren eines der bekanntesten Forschungsprogramme zur nonverbalen Kommunikation durch. In seinem ersten Experiment wurden den Versuchspersonen drei Aufnahmen des Wortes "vielleicht" vorgelegt: eine, die Abneigung ausdrücken sollte, eine, die Zustimmung vermitteln sollte, und eine, die Neutralität signalisieren sollte. Danach wurden den Teilnehmern Fotos von weiblichen Gesichtern vorgelegt, die dieselben drei Emotionen wie die Aufnahmen zeigten, und sie sollten die Emotionen anhand des Tons und der Fotos erraten. Die Teilnehmer konnten die auf den Fotos dargestellte Stimmung um das Dreifache besser erraten.

In einer zweiten Untersuchung hörten sich Dr. Mehrabians Patienten Aufnahmen von neun Wörtern an. Drei sollten Zuneigung ausdrücken ("Schatz", "danke" und "lieb"), drei Neutralität ("oh", "wirklich" und "vielleicht") und drei Abneigung ("nicht", "schrecklich" und "brutal"). Jedes Wort wurde dreimal von verschiedenen Sprechern vorgelesen, jeder mit einem anderen Tonfall: positiv, neutral und negativ. Was ist das Endergebnis? Die Intonation der Stimme und nicht die Bedeutung des Satzes beeinflusste die Reaktion der Testperson auf jede Silbe. Dr. Mehrabian entwickelte eine Formel, um zu beschreiben, wie der Verstand als Ergebnis seiner Forschung Bedeutung erzeugt. Er kam zu dem Schluss, dass 7 Prozent der Interpretation einer Nachricht verbal, 38 Prozent hörbar und 55 Prozent visuell sind. Den Ergebnissen zufolge sind 93 Prozent der Kommunikation nonverbal.

Nonverbale Kommunikation am Arbeitsplatz: 7 Beispiele

"Stellen Sie sich eine Mitarbeiterin vor, die kurz nach dem Mittagessen an ihren Arbeitsplatz stürmt. Sie hat ein gerötetes Gesicht, ist wortkarg und weigert sich, mit jemandem zu sprechen. Sie knallt ihre Aktentasche auf den Schreibtisch, lässt sich auf ihrem Stuhl nieder und starrt aus dem Fenster. Geht es Ihnen gut?", fragen Sie sie. Mir geht's gut!", knurrt sie irritiert zurück. Glauben Sie ihren nonverbalen Hinweisen (Verhalten und Tonfall) oder ihren verbalen Signalen (nur Worte)? Darlene Price, Autorin von Well Said! Presentations and Conversations That Get Results, sagt: "Höchstwahrscheinlich vertrauen Sie der nonverbalen Botschaft". Untersuchungen haben ergeben, dass die meisten Empfänger die nonverbale Kommunikation den gesprochenen Worten vorziehen würden, wenn die Signale nicht übereinstimmen. Deshalb müssen Sie, um mit Ihren Kollegen, Partnern und Kunden richtig zu kommunizieren, auf nonverbale Hinweise achten, insbesondere am Arbeitsplatz. Um im Beruf effektiv kommunizieren zu können, müssen Sie in der Lage sein, bestimmte nonverbale Anzeichen und Verhaltensweisen zu erkennen. Hier sind sieben verschiedene Arten der nonverbalen Kommunikation, die Sie am Arbeitsplatz einsetzen können, um Ihre Kommunikationsfähigkeiten zu verbessern.

1. Gesangsmelodie

Stil, Tonhöhe, Tempo und Lautstärke des Sprechers helfen, ihn zu verstehen. Während eines Gesprächs sind auch Veränderungen im Tonfall ein sichtbares nonverbales Zeichen, das Ihnen hilft, die sprechende Person zu verstehen. Ein Beispiel: Sie fragen Ihren Arbeitgeber bei einem lockeren Gespräch, ob Sie nächste Woche frei nehmen können. "Sicher", sagt sie. Nehmen Sie sich so viel Urlaub, wie Sie brauchen", sagte sie, aber ihr Tonfall änderte sich von warm und sanft vor Ihrer Anfrage zu eiskalt und streng nach ihrer Antwort. Obwohl ihre Worte ermutigend zu sein scheinen, zeigt ihr Tonfall, dass sie mit Ihrer Bitte nicht zufrieden ist.

2. Zappelnd

Wenn jemand in einer Besprechung spricht, wackeln Sie dann mit den Knien, kauen auf Ihren Nägeln oder fummeln an Ihrem Stift herum? Das könnte dem Redner signalisieren, dass Sie sich langweilen, ängstlich oder uninteressiert sind. Laut Jim Blythe, Autor von Consumer Behaviour, ist das Zappeln eine Verdrängungsaktivität und ein äußeres Ventil für das, was Sie innerlich erleben.

3. Gesichtsausdrücke

Da unsere Emotionen eng mit unserer Mimik verbunden sind, vermitteln sie, was wir denken, und sind wohl unsere wichtigsten nonverbalen Kommunikatoren im täglichen Leben. Stellen Sie sich vor, Sie verkaufen einem Kunden ein neues Produkt, während Sie einen ängstlichen und besorgten Gesichtsausdruck aufsetzen oder den Augenkontakt vermeiden. Dies vermittelt dem Kunden die Botschaft, dass Sie nicht an das Produkt glauben. Wenn Sie Ihre Produkte wirklich verkaufen wollen, sollten Sie stattdessen Ihre Mimik nutzen, um positive Energie und Begeisterung zu vermitteln, indem Sie Ihr Gesicht aktiv werden lassen und lächeln, während Sie sprechen. Der Ausdruck der Freude auf Ihrem Gesicht wird dazu beitragen, das Interesse des Kunden an Ihren neuen Waren zu wecken.

4. Kopf-Bewegungen

Kopfbewegungen gehören zu den am einfachsten zu deutenden nonverbalen Zeichen, da sie eine Menge Informationen enthalten. Bestimmte Kopfbewegungen, wie das zustimmende Nicken in westlichen Kulturen, sind kulturspezifisch. Wenn Sie z. B. in einer Sitzung einen Vortrag halten, können Sie das Verständnis und das Interesse der Teilnehmer an Ihrem Vortrag anhand ihrer Kopfbewegungen beurteilen. Wenn sie den Kopf mit "Nein" schütteln, sollten Sie abwarten und fragen, ob jemand Fragen hat, damit Sie herausfinden können, ob sie verwirrt sind oder Ihnen nicht zustimmen. Wenn die Teilnehmer der Konferenz jedoch aggressiv mit dem Kopf nicken und mit "Ja" antworten, ist dies ein positives Zeichen dafür, dass sie aufmerksam sind und verstehen, was Sie sagen.

5. Gesten

Handgesten unterstreichen das gesprochene Wort und können Informationen über den Sprecher und das, was er sagt, liefern. Handbewegungen können manchmal den emotionalen Zustand des Sprechers verraten. Zitternde Hände können auf Angst oder Täuschung hinweisen. Lebhafte, große Handbewegungen können darauf hindeuten, dass die Person enthusiastisch oder leidenschaftlich über das jeweilige Thema spricht. Handgesten können auch verwendet werden, um gesprochenen Worten eine wörtliche Bedeutung zu verleihen. Ihr Vorgesetzter könnte Ihnen sehr spezifische verbale Anweisungen zu einer Aufgabe geben und seine Äußerungen mit Handgesten unterstützen. "Er sagt zum Beispiel: "Ich brauche drei runde Dinge, die dort drüben aufgestellt werden. Dabei hält er drei Finger hoch, formt einen Kreis in der Luft und zeigt schließlich auf die Stelle, an der er sie haben möchte.

6. Körperhaltung

Während einer Diskussion kann die Körperhaltung dazu dienen, den Grad der Aufmerksamkeit oder des Engagements eines Teilnehmers zu beurteilen. Eine gebeugte Haltung oder eine andere schlechte Körperhaltung kann darauf hindeuten, dass der Zuhörer gelangweilt oder uninteressiert an der Diskussion ist. Stehen oder Sitzen in aufrechter Haltung und mit nach vorn gebeugtem Oberkörper zeigt dagegen, dass der Gesprächspartner konzentriert, aufmerksam und an der Diskussion beteiligt ist. Die Körperhaltung kann auch Aufschluss über die Persönlichkeit einer Person geben, z. B. ob sie selbstbewusst, fröhlich, freundlich oder unterwürfig ist.

7. Physische Entfernung

Der Ton des Gesprächs kann durch die räumliche Distanz zwischen den Personen bestimmt werden. Wenn sich Ihnen ein Mitarbeiter von hinten nähert, während Sie an Ihrem Schreibtisch sitzen, hat er möglicherweise etwas Privates zu sagen. Jemandem zu nahe zu kommen oder ihn während des Gesprächs zu berühren, kann als aufdringlich oder manchmal sogar aggressiv empfunden werden. Der räumliche Abstand hingegen kann trügerisch sein, denn in verschiedenen Kulturen wird für die berufliche Kommunikation ein unterschiedlich großer räumlicher Abstand verlangt. Die meisten Nordamerikaner bevorzugen einen persönlichen Mindestabstand von 18 Zoll. In einem beruflichen Umfeld wird alles, was näher ist, als zu persönlich angesehen. Ein südamerikanischer Kollege hingegen könnte sich wohler fühlen, wenn er Sie anspricht.

Nonverbale Kommunikationsfähigkeiten entscheiden über Erfolg oder Misserfolg von Geschäften

Wenn Sie die Bedeutung der nonverbalen Kommunikation mit einem Kunden oder potenziellen Kunden verstehen, können Sie Vertrauen, Klarheit und Interesse in Ihren geschäftskritischen Interaktionen aufbauen - oder es kann das Gegenteil bewirken. Interessenten können Ihren Vertrag ablehnen, wenn sie glauben, dass Sie gelangweilt, beschäftigt, gereizt oder anderweitig unsympathisch sind. Menschen sind sich häufig nicht bewusst, dass sie negative nonverbale Zeichen aussenden, die andere wahrnehmen. Positive nonverbale Kommunikation, die Ihren Ruf und Ihre Vertrauenswürdigkeit verbessert, kann Ihnen dagegen helfen, das Geschäft abzuschließen. Kunden wollen beobachten, wie Ihre Bewegungen und Ihr Gesichtsausdruck mit dem übereinstimmen, was Sie sagen. Wenn Sie jedoch während dieser wichtigen Gespräche nur über Audio telefonieren, sind Ihre Bemühungen umsonst, da die Kunden oder Interessenten Ihre nonverbale Kommunikation nicht deuten können. Videokonferenzen von Angesicht zu Angesicht ermöglichen dagegen einen engeren persönlichen Kontakt und die Erkennung wichtiger nonverbaler Hinweise.

Für Videoanrufe finden Sie hier sechs Tipps zur Verbesserung Ihrer nonverbalen Kommunikation.

Unternehmen, die ihre Geschäfte überwiegend über das Telefon oder per E-Mail abwickeln, lassen einen erheblichen Teil ihrer Nachrichtenübermittlung für Missverständnisse anfällig werden. Bedenken Sie, wie viel Geld aufgrund von Ineffizienzen und Missverständnissen, die durch schlechte Kommunikationstechnologien verursacht werden, verschwendet wird. Bei Videokonferenzen wird kein Tonfall übersehen, und Gesichtsausdrücke, Handgesten und Körpersprache werden gesehen und verstanden. Sie kombinieren die visuellen und auditiven Komponenten der Kommunikation in einem einzigen Format und geben Ihnen die vollständige Kontrolle über Ihre Botschaft.

Im Folgenden finden Sie sechs Vorschläge für den Einsatz der Videokonferenztechnologie zur effizienten Interaktion mit Kunden, Mitarbeitern und Geschäftspartnern.

1. Denken Sie daran, dass Sie beobachtet werden

Bei einem Videoanruf vergisst man leicht, dass jemand anderes sieht, was Sie mit Ihrer Kamera machen. Während einer Telefonkonferenz verwenden Sie vielleicht ein winziges Gerät wie ein Tablet oder ein Telefon, aber die Leute am anderen Ende sehen Sie vielleicht auf einem riesigen, ultrahochauflösenden Fernseher in einem Konferenzraum. Ihre nonverbale Kommunikation wird auf dem Bildschirm für alle im Konferenzraum verstärkt, ohne dass Sie es merken.

2. Achten Sie auf Ihre Körpersprache

Wenn Sie während einer Videokonferenz anwesend und engagiert sind, können Sie Ihre unbewusste Körpersprache beobachten, z. B. wie Sie sich vorbeugen, krümmen oder strecken. Auch wenn Sie während der Videokonferenz nicht der Moderator sind, ist es wichtig, auf Ihre Körpersprache zu achten und darauf, was sie dem Redner und den anderen Konferenzteilnehmern mitteilt. Aufmerksames Zuhören, aufrechtes Sitzen mit guter Körperhaltung und regelmäßiges Kopfnicken sind alles Möglichkeiten, um zu zeigen, dass Sie aufmerksam zuhören.

3. Legen Sie Ihr Telefon weg

Stellen Sie sicher, dass Ihr Mobiltelefon und andere ablenkende Geräte ausgeschaltet sind und sich nicht in Ihrem Blickfeld befinden, wenn Sie ein Videogespräch führen. Schon eine einzige Benachrichtigung könnte Ihre Aufmerksamkeit von der aktuellen Aufgabe ablenken und den Eindruck erwecken, dass Sie gleichgültig und abgelenkt sind.

4. Blick in die Kamera

Wenn es darum geht, Vertrauen, Aufmerksamkeit und Vertrauenswürdigkeit auszudrücken, geht nichts über den Blickkontakt. Halten Sie beim Sprechen in der Telefonkonferenz Augenkontakt, indem Sie direkt in die Kamera schauen und nicht auf den Computer- oder Fernsehbildschirm.

5. Übermäßige Bewegungen und dramatische Handgesten sollten vermieden werden.

Versuchen Sie, Ihre Körperbewegungen während der gesamten Telefonkonferenz ruhig und entspannt zu halten. Vermeiden Sie es, mit dem Stift herumzuzappeln, übermäßig mit den Beinen zu wackeln oder auf irgendeine andere Weise ängstlich oder gelangweilt zu sein. Sie können während des Sprechens Gesten mit Ihren Händen machen, aber seien Sie nicht zu aufgeregt. Dramatische Handbewegungen können die Konferenzteilnehmer ablenken, insbesondere wenn Sie bei einer Videokonferenz in der Nähe der Kamera sitzen.

6. Achten Sie auf Ihre Gesichtsausdrücke

Zu guter Letzt sollten Sie während des Videochats auf Ihre Gesichtsausdrücke achten. Im Gegensatz zu anderen subtilen nonverbalen Indikatoren sind Gesichtsausdrücke universell und in der Regel der stärkste nonverbale Kommunikator während einer Telefonkonferenz. Es ist leicht, in langen Sitzungen die Stirn zu runzeln oder gelangweilt zu wirken, vor allem, wenn Sie keine Präsentation halten. Versuchen Sie, während der gesamten Konferenz einen angenehmen oder neutralen Gesichtsausdruck beizubehalten und gelegentlich zu grinsen. Ein warmes, einladendes Grinsen zeigt dem Redner, dass Sie aufmerksam zuhören und die Besprechung genießen.

Die nonverbale Kommunikation ist entscheidend dafür, wie wir anderen Bedeutung und Informationen vermitteln und wie wir das Verhalten anderer in Gesprächen wahrnehmen. Für Geschäftsleute ist es wichtig, die richtigen nonverbalen Hinweise zu geben. Ihre Botschaft wird verstärkt, wenn Ihre Körpersprache, Ihr Gesichtsausdruck und Ihr Tonfall mit Ihren Worten übereinstimmen. Dies hilft Kunden, Mitarbeitern und Interessenten, Sie besser zu verstehen. Wenn Sie hingegen nur ein Telefongespräch führen ode versuchen, einen Blogbeitrag zu verfassen, in dem Sie komplizierte Ideen zum Ausdruck bringen, sind Ihre Bemühungen umsonst, da Kunden oder potenzielle Kunden Ihre nonverbale Kommunikation während dieser wichtigen Gespräche nicht deuten können. Da Studien zufolge bis zu 93 Prozent aller Kommunikation nonverbal erfolgt, ist Ihre Botschaft bei reinen Audioanrufen oder textbasierten Kommunikationstools anfällig für Missverständnisse. Ohne diese Zeichen ist es schwierig, die Äußerungen einer Person in ihrer Gesamtheit zu erfassen und zu verstehen. Nutzen Sie die Videokonferenztechnologie, um sich von Angesicht zu Angesicht zu treffen und wichtige nonverbale Hinweise aufzugreifen, wenn ein persönliches Treffen nicht möglich ist.

MENSCHEN IN DER KOMMUNIKATION VERSTEHEN

Wenn Sie eine Rede halten, möchten Sie, dass Ihre Zuhörer das, was Sie sagen, verstehen und würdigen. Ein Publikum ist eine Gruppe von Personen, die sich versammelt hat, um den Redner zu hören. Die Mitglieder des Publikums können in direktem Kontakt mit dem Redner stehen oder über Kommunikationstechnologien wie Computer oder andere Medien. Es kann sich um ein kleines, privates oder ein großes, öffentliches Publikum handeln. Die ungleiche Aufteilung der Redezeit zwischen Redner und Zuhörer ist ein wesentliches Merkmal öffentlicher Redesituationen. So spricht der Redner im Allgemeinen länger, während das Publikum zuhört, oft ohne Fragen zu stellen oder Kommentare abzugeben. Das Publikum kann Fragen stellen oder explizit reagieren, indem es klatscht oder in manchen Fällen Kommentare abgibt.

Publikumsorientierter Ansatz zum Sprechen

Da es in der Regel nur wenig Dialog zwischen dem Redner und dem Publikum gibt, besteht kaum die Möglichkeit, den eigenen Standpunkt während oder nach der Rede zu klären. Bei der Vorbereitung einer Rede ist es wichtig, das Publikum zu verstehen und die Botschaft auf es zuzuschneiden. Sie sollten eine Rede vorbereiten, die auf das Publikum ausgerichtet ist.

Da Sie bei einer öffentlichen Rede zu und für Ihr Publikum sprechen, ist die Kenntnis Ihres Publikums ein wichtiger Aspekt des Redeprozesses. Eine der wichtigsten Aufgaben beim publikumsorientierten Sprechen ist es, Ihr Zielpublikum zu kennen. Sie sollten sich über die wichtigsten demografischen Merkmale des Publikums informieren, z. B. Alter, Geschlecht, Bildung, Religion und Kultur, sowie über die vielen Organisationen, denen die Zuhörer angehören. Wenn Sie außerdem die Werte, Einstellungen und Überzeugungen Ihres Publikums kennen, können Sie Ihre Botschaft vorhersehen und gestalten.

Gemeinsamkeiten finden durch Perspektivenübernahme

Bevor Sie eine Rede halten, sollten Sie sich über Ihr Publikum informieren, damit Sie eine Verbindung zwischen Ihnen, dem Redner, und dem Publikum herstellen können. Sie sollten in der Lage sein, sich gedanklich in die Köpfe Ihrer Zuhörer hineinzuversetzen, um die Welt aus deren Perspektive zu verstehen. Auf diese Weise können Sie Gemeinsamkeiten mit Ihren Zuhörern feststellen und Ihre Botschaft mit dem verbinden, was sie bereits wissen oder denken.

Sammeln und Interpretieren von Informationen

Der Prozess der Beschaffung und Analyse von Informationen über die Empfänger von mündlicher, schriftlicher oder visueller Kommunikation wird als Publikumsanalyse bezeichnet. Die Durchführung einer Publikumsstudie kann so einfach sein wie die Befragung einer kleinen Gruppe zu ihrem Wissen oder ihren Ansichten, oder sie kann so komplex sein wie die Überprüfung demografischer Daten relevanter Teile der Bevölkerung. Auch soziologische Studien über verschiedene Altersgruppen oder kulturelle Gruppierungen könnten für Sie interessant sein. Sie können auch einen Fragebogen oder eine Bewertungsskala verwenden, um Informationen über die grundlegenden demografischen Merkmale und Einstellungen Ihrer Zielgruppe zu erhalten. Diese Beispiele stellen keine erschöpfende Liste von Möglichkeiten zur Analyse Ihrer Zielgruppe dar, aber sie können Ihnen eine grobe Vorstellung davon vermitteln, wie Sie etwas über sie erfahren können. Nach Berücksichtigung aller bekannten Kriterien kann ein Profil der Zielgruppe erstellt werden, das es Ihnen ermöglicht, in einer Weise zu sprechen, die die Zielgruppe versteht.

Praktische Vorteile für den Redner

Wenn Sie wissen, wer Ihr Zielpublikum ist, können Sie Ihre Botschaft richtig strukturieren und das Gesagte an den Verständnisgrad und den Hintergrund der Zuhörer anpassen.

Die Durchführung einer Publikumsanalyse hat zwei praktische Vorteile:

(1) Es verhindert, dass Sie etwas Falsches sagen, z. B. jemanden mit einem Witz beleidigen.

(2) es hilft Ihnen, mit Ihrem Publikum in einer Sprache zu sprechen, die es versteht, und zwar zu Themen, die es interessieren. Wenn Sie eine Botschaft formulieren können, die Ihr Publikum informiert und anspricht, wird Ihre Rede erfolgreicher sein.

Was zu beachten ist

Analysieren Sie das Publikum, um festzustellen, welche Altersgruppen, Geschlechter, sexuellen Orientierungen, Bildungsniveaus, Glaubensrichtungen, Kulturen, Nationalitäten und Rassen vertreten sind.

Nach innen schauen, um Scheuklappen aufzudecken

Eine Rednerin sollte ihre eigenen Werte, Überzeugungen, Einstellungen und Vorurteile, die sich auf ihre Einschätzung anderer auswirken können, mit einer mentalen Lupe betrachten. Der Redner sollte dieses geistige Bild nutzen, um sich an das Publikum zu wenden und die Welt mit dessen Augen zu sehen. Der Redner erhält Einblick in die Realität der Zuhörer, indem er sie anschaut.

Egozentrismus liegt vor, wenn ein Redner das Publikum ausschließlich durch die Linse seiner eigenen geistigen Vision sieht. Die Beschäftigung mit der eigenen Innenwelt kennzeichnet den Egozentrismus. Egozentriker glauben, dass sie am wichtigsten oder am gültigsten sind und dass ihre eigenen Ideen oder Interessen die bedeutendsten oder legitimsten sind. Menschen, die egozentrisch sind, sind nicht in der Lage, die Ansichten anderer Menschen oder eine Realität, die sich von dem unterscheidet, was sie zu akzeptieren bereit sind, vollständig zu verstehen oder zu bewältigen.

Verstehen des Hintergrunds, der Einstellungen und Überzeugungen des Publikums

Wenn ein Redner in der Öffentlichkeit spricht, muss er den Hintergrund, die Einstellungen und die Ansichten seines Publikums berücksichtigen. Der Redner sollte sich bemühen, innerhalb einer angemessenen Zeitspanne eine möglichst genaue und effektive Analyse seines Publikums zu erstellen. Redner können zum Beispiel die demografischen Daten ihres Publikums analysieren. Demografische Daten sind ausführliche Beschreibungen der demografischen Merkmale von Menschen, ausgedrückt als statistische Bevölkerungsgruppen.

Konzentrieren Sie sich auf die gleichen Faktoren, die in der Soziologie untersucht werden, wenn Sie die Publikumsdemografie für eine Rede analysieren. Das Publikum und die Bevölkerung setzen sich aus Personen verschiedener Altersgruppen zusammen, die:

- Are of the same or mixed genders
- Have experienced the same events
- Have the same or different sexual orientation
- Have different educational attainment
- Participate in different religions
- Represent different cultures, ethnicities, or races

Redner analysieren die Einstellung des Publikums zu einem bestimmten Thema oder Ziel (eine positive oder negative Bewertung von Personen, Dingen, Ereignissen, Handlungen oder Ideen). Die Einstellung des Publikums kann von äußerst feindselig bis hin zu äußerst positiv oder sogar völlig unklar reichen. Redner können die Zuhörer davon überzeugen, an die Argumente des Redners zu glauben, indem sie die vorherigen Ansichten der Zuhörer über das allgemeine Thema oder das spezifische Ziel der Rede einschätzen. Dies kann auch bei der Vorbereitung von Reden hilfreich sein.

Tipps für den Redner

Der Umfang der Publikumsanalyse hängt von der Größe des gewünschten Publikums und der Vortragsmethode ab. Redner setzen eine Vielzahl von Techniken ein, um mehr über die Hintergründe, Einstellungen und Überzeugungen ihrer Zuhörer zu erfahren, und zwar in unterschiedlichen Umgebungen und Medien (z. B. Videokonferenzen, Telefon usw.). Wenn die Zuhörerschaft klein ist, kann der Redner sich einfach persönlich mit ihnen unterhalten. Spricht der Redner jedoch zu einem größeren Publikum oder nutzt er die Möglichkeiten von Telekonferenzen oder Webcasts, können Umfragen oder Fragebögen bei der Datenerfassung hilfreich sein.

Was Sie mit Ihrem Wissen tun können

Versetzen Sie sich in die Gedanken Ihrer Zuhörer, konstruieren Sie eine fantasievolle Situation und testen Sie Ihre Ideen mit dem, was Sie über sie wissen.

Anmerkungen:

- Ein erfolgreicher Redner ist in der Lage, über seinen eigenen

Wahrnehmungsrahmen hinauszugehen, um zu verstehen, wie sein Publikum die Welt wahrnimmt.

- Der Sprecher durchläuft einen Prozess, in dem er seine Gedanken in Worte fasst und dann eine Botschaft konstruiert, die er einer Gruppe von Zuhörern, dem Publikum, mitteilt. Die Zuhörer versuchen zu entschlüsseln, was der Sprecher sagt, um es zu verstehen.

- Je besser der Redner die Zuhörer versteht, bevor er spricht, desto effektiver kann er eine Botschaft verschlüsseln, die die Zuhörer entschlüsseln können.

- Die Identifizierung von Gemeinsamkeiten mit Ihrem Publikum ist eine der effektivsten Techniken, um Ihr Thema und Ihre Botschaft auf die Zielgruppe abzustimmen.

- Sie können die Ergebnisse Ihrer Publikumsstudie nutzen, um ein hypothetisches, imaginäres Publikum zu konstruieren, das aus Menschen mit unterschiedlichem Hintergrund besteht. Dann können Sie beurteilen, ob das Material bestimmte Mitglieder dieses Publikums ansprechen wird.

Schlüsselbegriffe

- *Kodieren: die* eigenen Gedanken in gesprochene Worte umwandeln, um sie anderen mitzuteilen
- *Botschaft:* die verbalen und nonverbalen Komponenten der Sprache des Senders, die dem Empfänger eine Idee vermitteln
- *Dekodieren: das* persönliche sprachliche Fachwissen des Empfängers nutzen, um die verbale Idee/Botschaft des Senders in etwa umzuwandeln, das der Empfänger versteht
- Identifikation mit den Zuhörern

Untersuchen Sie die Gehirne Ihrer Zuhörer, um festzustellen, ob Sie sich mit ihnen identifizieren können. Perspektivenübernahme ist eine Fähigkeit die ein guter Redner besitzt. Der Redner wagt sich über seinen eigenen

Wahrnehmungsrahmen hinaus, um die Welt zu verstehen, wie sie von den Zuhörern erlebt wird, während er seine Rede vorbereitet. Wenn eine Rednerin oder ein Redner eine Rede mit Blick auf das Publikum vorbereitet, konzentriert sie sich auf das Publikum und darauf, wie es auf das Gesagte reagieren wird. Im Wesentlichen möchte die Rednerin psychologisch die Perspektive der Zuhörer einnehmen, um die Welt mit deren Augen zu sehen.

Kodierung und Dekodierung

Der Sprecher durchläuft einen Prozess, in dem er seine Gedanken in Worte fasst und dann eine Botschaft für das Publikum formuliert. Die Zuhörer versuchen dann zu entschlüsseln, was der Sprecher sagt, um es zu verstehen. Betrachten Sie das Konzept der Kodierung und Dekodierung im Zusammenhang mit dem Konzept eines Baumes, um diesen Prozess besser zu verstehen. Meine Zuhörer kommen aus Neuengland und sind sicher mit Eichen vertraut. Da meine Zuhörer vergleichbare Bäume gesehen haben, entschlüsseln sie den Begriff Baum so, wie ich ihn gemeint habe. Wenn ich den Begriff Baum verwende, um mein Konzept zu vermitteln, denke ich vielleicht an einen Baum (eine Palme) auf Hawaii, wo ich früher gelebt habe. Leider wird mein Publikum bei der Entschlüsselung meines Begriffs immer noch an die Eiche denken und meine Palme übersehen. Das Publikum teilt nicht mehr meine Weltsicht oder meine Erfahrungen mit Bäumen.

Eine gemeinsame Basis finden

Je mehr Sie über Ihre Zielgruppe erfahren, desto besser können Sie Ihre Botschaft auf ihre Interessen, Werte, Überzeugungen und ihr Sprachniveau abstimmen. Nachdem Sie Informationen über Ihre Zielgruppe gesammelt haben, müssen Sie Ihre Erkenntnisse zusammenfassen und die Sprache und Struktur wählen, die für sie ideal ist. Sie sind auf der Suche nach Gemeinsamkeiten mit Ihrer Zielgruppe, damit Sie mit ihr in Kontakt treten können. Der Identifikationsprozess ist eine der effektivsten Techniken, um Ihr Thema und Ihre Botschaften auf Ihr Publikum abzustimmen. Was haben Sie mit Ihrer Zielgruppe gemeinsam? Wie unterscheiden Sie sich andererseits? Mit welchen Teilen Ihrer Rede oder Beispielen können Ihre Zuhörer etwas anfangen?

Schaffung eines theoretischen, imaginären Publikums

Erstellen Sie zu Übungszwecken eine hypothetische, imaginäre Situation, um die Wahrnehmung Ihres Publikums zu testen. Sie können die Ergebnisse

Ihrer Recherche nutzen, um ein "theoretisches, globales Publikum" zu schaffen. Das globale Publikum ist ein fiktives Publikum, das der Redner benutzt, um seine Fähigkeiten zu beurteilen. Stellen Sie sich ein zusammengesetztes Publikum vor, das sich aus Menschen mit all den verschiedenen Hintergründen zusammensetzt, die Sie in Ihrer Publikumsstudie ermittelt haben. Überlegen Sie als Nächstes, ob das Thema Ihrer Rede die Mitglieder dieses Publikums ansprechen würde. Welche Sätze oder Ausdrücke werden die Zuhörer verstehen können und welche werden sie nicht verstehen können? Welche Begriffe in Bezug auf Ihr Thema müssen Sie für dieses Publikum definieren oder erklären? Welche Unterschiede gibt es zwischen den Idealen und Ideen, die Sie Ihren Zuhörern vermitteln wollen, und ihren derzeitigen Einstellungen und Überzeugungen?

Tipps für den Redner

Nutzen Sie abschließend Ihr Verständnis für das Publikum, um Ihre Rede anzupassen. Nehmen Sie die Perspektive des Publikums ein, um sich mit ihm zu identifizieren, und testen Sie Ihre Ideen an einem fiktiven Publikum, das aus Menschen mit dem Hintergrund besteht, den Sie in Ihrer Studie herausgefunden haben.

EINFÜHLUNGSVERMÖGEN BEI DER ARBEIT: FÄHIGKEITEN ENTWICKELN, UM ANDERE MENSCHEN ZU VERSTEHEN

Empathie kann mit einem universellen Lösungsmittel verglichen werden. Jede Schwierigkeit, die mit Einfühlungsvermögen durchdrungen ist, wird gelöst. - Simon Baron-Cohen ist ein britischer klinischer Psychologe und Professor für Entwicklungspsychopathologie an der University of Cambridge.

Das Verständnis für die Emotionen anderer ist eine wichtige Fähigkeit im Beruf. Es kann uns helfen, Streitigkeiten zu schlichten, produktivere Teams zu bilden und die Beziehungen zu Kollegen, Kunden und Auftraggebern zu verbessern.

Doch während die meisten von uns zuversichtlich sind, neue technische Fähigkeiten zu beherrschen, sind wir vielleicht nicht darauf vorbereitet, unsere zwischenmenschlichen Fähigkeiten zu verbessern. Und vielen Menschen ist es unangenehm, ihre eigenen Gefühle mitzuteilen, ganz zu schweigen von denen der anderen!

Hier schauen wir uns an, was es bedeutet, empathisch zu sein. Wir werden uns ansehen, wie ein paar einfache Handlungen uns helfen können, unsere Bindungen zu stärken, eine Kultur der Ehrlichkeit und Transparenz zu schaffen und einen echten Einfluss auf das emotionale Wohlbefinden und die Produktivität unserer Mitarbeiter zu haben.

Was ist Empathie?

Empathie ist die Fähigkeit, die Gefühle und Standpunkte anderer Menschen in einer Situation in ihrer grundlegendsten Form wahrzunehmen und zu verstehen. Wenn Empathie voll entwickelt ist, können Sie Ihr Verständnis nutzen, um die Stimmung eines anderen zu verbessern und ihm in schwierigen Situationen zu helfen.

Empathie und Sympathie werden manchmal verwechselt, obwohl sie nicht dasselbe sind. Sympathie ist ein Gefühl der Sorge für eine andere Person und der Wunsch, dass sie glücklich ist. Im Gegensatz zur Empathie basiert die Sympathie nicht auf einem gemeinsamen Standpunkt oder Gefühl.

Man kann z. B. Mitleid mit einem weinenden Menschen auf der Straße haben, obwohl man keine Ahnung hat, was er durchmacht. Sympathie kann zu Empathie führen, obwohl das nicht immer der Fall ist. Mitleid kann zu Empathie führen, auch wenn das nicht immer der Fall ist.

Laut dem bekannten Psychologen Daniel Goleman ist Empathie eine der fünf Hauptkomponenten der emotionalen Intelligenz und ein wichtiges Führungstalent. Kognitive Empathie, emotionale Empathie und mitfühlende Empathie sind die drei Stufen, die sie durchläuft. Im Folgenden gehen wir auf jede Stufe einzeln ein:

Kognitive Empathie

Die Fähigkeit, nachzuvollziehen, was eine andere Person denkt oder erlebt, wird als kognitive Empathie bezeichnet. Sie muss nicht mit einer emotionalen Beteiligung des Beobachters einhergehen.

Für Manager kann kognitive Empathie hilfreich sein, um herauszufinden, wie sich ihre Mitarbeiter fühlen und welcher Führungsstil für sie im Moment am besten geeignet ist. In ähnlicher Weise können Vertriebsmitarbeiter damit die Stimmung eines Kunden ermitteln, was ihnen helfen kann, den erfolgreichsten Ton für ein Gespräch zu finden.

Kognitives Einfühlungsvermögen ist eine Fähigkeit, die hauptsächlich analytisch, intellektuell und gefühlsneutral ist. Das bedeutet, dass manche Menschen sie auf eine schlechte Art und Weise ausnutzen. Menschen mit einem machiavellistischen Persönlichkeitsmerkmal beispielsweise können kognitive Empathie nutzen, um emotional empfängliche andere zu manipulieren.

Emotionales Einfühlungsvermögen

Emotionale Empathie ist die Fähigkeit, die Gefühle einer anderen Person zu teilen und sie dadurch besser zu verstehen. Da sie sich auf Sie auswirkt oder

Sie verändert, wird sie auch als "affektive Empathie" bezeichnet. Es geht nicht nur darum zu verstehen, wie sich jemand fühlt, sondern auch darum, eine echte Beziehung zu ihm aufzubauen.

Dieses Maß an Empathie kann für einige von uns überwältigend sein. Empathische Menschen können sich in die Probleme oder den Schmerz anderer Menschen hineinversetzen, was ihrem eigenen emotionalen Wohlbefinden schaden kann. Das gilt besonders dann, wenn sie nicht glauben, dass sie das Problem lösen können.

Indem Sie sich Pausen gönnen, auf Ihre Grenzen achten und Ihre Fähigkeit verbessern, mit einer solch anspruchsvollen Position umzugehen, beugen Sie dem Burnout der emotionalen Großzügigkeit vor.

Jeder, der für eine Gruppe verantwortlich ist, profitiert zumindest von einer gewissen emotionalen Sensibilität. Sie hilft bei der Entwicklung von Ehrlichkeit und Offenheit sowie bei der Entwicklung von Vertrauen zwischen Führungskräften und Teammitgliedern. Empathie hingegen ist am nützlichsten, wenn sie mit Aktion gepaart ist.

Mitfühlendes Einfühlungsvermögen

Die aktivste Form der Empathie ist die mitfühlende Empathie. Sie bedeute nicht nur, dass man sich um eine andere Person kümmert und ihre emotionalen Schmerz teilt, sondern auch, dass man konkrete Maßnahme ergreift, um ihn zu lindern.

Stellen Sie sich folgendes Szenario vor: Eines Ihrer Teammitglieder i verärgert und gereizt, weil er oder sie eine schlechte Präsentation gehalten ha Es ist wichtig, seinen Schmerz zu erkennen, aber viel wichtiger ist es, sein Reaktion zu bestätigen, indem Sie selbst Anzeichen für dieselben Emotione zeigen. Das Beste, was Sie für den Betreffenden tun können, ist, sich etwa Zeit für ihn zu nehmen und ihm praktische Ratschläge oder Hilfestellunge zu geben, wie er das Problem überwinden und sich auf das nächste Ma vorbereiten kann.

Wie man am Arbeitsplatz Empathie entwickelt

Vielleicht fällt es Ihnen anfangs schwer, Einfühlungsvermögen zu zeige weil Sie Angst haben, sich emotional zu engagieren, oder glauben, dass Sie daz nicht in der Lage sind. Das bedeutet jedoch nicht, dass Sie scheitern müssen!

Um Empathie richtig einsetzen zu können, müssen Sie Ihren eigene Standpunkt beiseite lassen und die Dinge aus der Sicht der anderen Perso betrachten. Dann sind Sie in der Lage, Verhaltensweisen, die auf den erste Blick als übermäßig emotional, stur oder unvernünftig erscheinen, als Reaktio auf das Vorwissen und die Erfahrungen der Person zu erkennen.

Die folgenden Methoden sollten immer wieder geübt werden, bis sie zu zweiten Natur werden.

Schenken Sie Ihre volle Aufmerksamkeit

Achten Sie darauf, was jemand zu sagen versucht. Nutzen Sie Ihre Ohren, Ihr Sehvermögen und Ihr "Bauchgefühl", um die Botschaft des Gesprächspartners vollständig zu verstehen.

Achten Sie zunächst auf die wichtigen Wörter und Ausdrücke, die sie verwenden, vor allem wenn sie dies häufig tun. Achten Sie dann darauf, wie sie sich ausdrücken, und was sie sagen. Was sagen ihr Tonfall und ihre Körpersprache aus? Sind sie z. B. wütend, verlegen oder ängstlich?

Gehen Sie einen Schritt weiter, indem Sie empathisch zuhören. Zu diesem Zeitpunkt sollten Sie keine direkten Fragen stellen, dem Gesagten nicht zustimmen oder Fakten bestreiten. Seien Sie außerdem anpassungsfähig - erwarten Sie, dass das Gespräch einen anderen Gang einlegt, wenn sich die Ideen und Gefühle der anderen Person ändern.

Berücksichtigen Sie die Sichtweise anderer Personen

Wahrscheinlich kennen Sie das Sprichwort: "Gehe eine Meile in ihren Schuhen, bevor du sie verurteilst". Überprüfen Sie Ihre eigene Denkweise und bleiben Sie aufgeschlossen. Wenn man sich zu sehr auf seine eigenen Ideen und Ansichten konzentriert, bleibt wenig Raum für Empathie!

Sie können anerkennen, was andere denken, nachdem Sie "gesehen" haben, warum sie es glauben. Das bedeutet nicht, dass Sie damit einverstanden sein müssen, aber es ist nicht der richtige Zeitpunkt für einen Streit. Bewahren Sie stattdessen eine respektvolle Haltung und hören Sie weiter zu.

Im Zweifelsfall lassen Sie die Person ihren Standpunkt darlegen und fragen Sie, wie sie das Problem zu lösen gedenkt. Die einfachste und direkteste Methode, die andere Person zu verstehen, ist, die richtigen Fragen zu stellen.

Maßnahmen ergreifen

Es gibt kein Patentrezept für die Demonstration von mitfühlendem Verständnis. Es hängt von der Umgebung, der Person und den aktuell vorherrschenden Gefühlen ab. Denken Sie daran, dass es bei der Empathie darum geht, was die andere Person will und braucht, und nicht darum, was Sie sich wünschen, so dass jede Handlung, die Sie tun oder vorschlagen, ihr zugute kommen muss.

Sie haben zum Beispiel ein Teammitglied, das sich aufgrund eines persönlichen Problems nicht auf seine Arbeit konzentrieren kann. Ihm zu sagen, dass es von zu Hause aus arbeiten kann, bis das Problem gelöst ist, mag als nette Geste erscheinen, aber die Arbeit ist vielleicht eine willkommene Ablenkung von einem schrecklichen Umstand. Fragen Sie sie daher, welche Strategie sie bevorzugen.

Und vergessen Sie nicht, dass Empathie nicht nur für Notfälle gedacht ist! Die Welt aus verschiedenen Blickwinkeln zu betrachten, ist eine wertvolle Fähigkeit, die Sie jederzeit und in jeder Situation einsetzen können. Eine zufällige freundliche Geste kann den Tag eines jeden besser machen.

Wahrscheinlich lächeln Sie zum Beispiel und versuchen, sich an die Namen der Leute zu erinnern: Das ist Empathie in Aktion. Zu den empathischen Handlungen gehören auch die volle Aufmerksamkeit in Besprechungen, das Interesse am Leben und an den Interessen der Menschen und konstruktive Kommentare.

Diese Fähigkeiten sollten häufig geübt werden. Wenn Sie sich darum kümmern, was die Menschen denken, fühlen und erleben, gewinnen Sie den Ruf, freundlich, vertrauenswürdig und zugänglich zu sein, und Sie werden ein wertvolles Mitglied Ihres Teams und Unternehmens sein.

Wichtige Punkte

Empathie wird definiert als die Fähigkeit, Emotionen zu erkennen und mit anderen zu teilen. Sie ist eine der fünf Säulen der emotionalen Intelligenz und hilft bei der Entwicklung von Vertrauen und der Stärkung von Beziehungen.

Empathie wird in drei Stufen unterteilt:

- Kognitives Einfühlungsvermögen bedeutet, sich des emotionalen Zustands einer anderen Person bewusst zu sein.
- Emotionales Einfühlungsvermögen bedeutet, mit Gefühlen zu interagieren und sie zu teilen.
- Mitfühlendes Einfühlungsvermögen bedeutet, Schritte zu unternehmen, um anderen zu helfen.

Um Empathie erfolgreich zu nutzen, sollten Sie Ihrem Kollegen genau zuhören und nach verbalen und nonverbalen Hinweisen suchen, die Ihnen helfen, seine Position vollständig zu verstehen. Lassen Sie Ihre eigenen Vorurteile beiseite, erkennen Sie die Gefühle Ihres Kollegen an, lassen Sie eine emotionale Verbindung entstehen und ergreifen Sie dann konstruktive Maßnahmen, um sein Wohlbefinden zu fördern.

ACHTSAMES ZUHÖREN: BEWUSSTSEIN ENTWICKELN, UM VOLLSTÄNDIG ZUZUHÖREN

Wie oft hatten Sie schon eine Diskussion mit jemandem und dachten, Sie hätten gut zugehört, nur um hinterher festzustellen, dass Sie sich nicht erinnern können, was er gesagt hat? Vielleicht waren Sie während seiner Rede abgelenkt und haben nicht verstanden, worauf er hinauswollte.

In der heutigen hektischen Umgebung kann es schwierig sein, Ablenkungen wie Lärm und elektrische Geräte auszublenden, und unsere eigenen Gedanken oder Reaktionen könnten uns von einem Gespräch ablenken. Wie können wir also unsere Zuhörfähigkeiten verbessern?

Wir können uns dieser Hürden bewusst sein und dennoch für die Gedanken und Botschaften des Sprechers empfänglich bleiben, wenn wir "achtsam" zuhören. In diesem Kapitel werden wir uns also mit dem achtsamen Zuhören beschäftigen und Ihnen zeigen, wie Sie es nutzen können, um Ihre Zuhörfähigkeiten auf unkomplizierte Weise zu verbessern.

Was ist achtsames Zuhören?

Jon Kabat-Zinn, emeritierter Professor für Medizin an der University of Massachusetts Medical School, definiert in seinem 1994 erschienenen Buch "Wherever You Go, There You Are" Achtsamkeit als "gezielte, absichtliche, im gegenwärtigen Moment stattfindende und nicht wertende Aufmerksamkeit".

Achtsamkeit lehrt Sie, im Augenblick präsent zu sein und Ablenkungen sowie Ihre körperlichen und emotionalen Reaktionen auf das, was andere zu Ihnen sagen, loszulassen. Wenn Sie nicht achtsam sind, können Ihre eigenen Gedanken und Ängste Sie davon ablenken, zu sehen und zu hören, was andere Menschen tun und sagen.

Laut der Kommunikationsexpertin Rebecca Shafir kann sich der typische Mensch nur an 25 % dessen erinnern, was jemand nur wenige Minuten nach einem Gespräch sagt. Das Ziel des aufmerksamen Zuhörens ist es, das eigene innere Geschwätz zu übertönen, damit man die gesamte Botschaft hören kann und der Sprecher sich verstanden fühlt.

Wie man aufmerksam zuhört

Wir gehen häufig Tätigkeiten nach und interagieren mit anderen, ohne uns darüber Gedanken zu machen. Achtsames Zuhören ist ein Prozess des "Aufwachens" aus diesem Zustand der Unbewusstheit. Der Autor Charlie Scott erklärt in seiner Studie "Get Out of Your Own Head: Mindful Listening for Project Managers" drei wesentliche Komponenten des achtsamen Zuhörens, die Sie nutzen können, um Ihre Zuhörfähigkeiten zu verbessern.

1. Präsent sein. Wenn Sie aufmerksam zuhören, sollten Sie sich ganz auf die Person konzentrieren, der Sie gerade zuhören. Wie stellen Sie das an?

Vereinfachen Sie Ihre Umgebung: Ablenkungen wie Telefone, Laptops, Drucker und elektronische Geräte gibt es im Büro zuhauf. Halten Sie Ihren Arbeitsplatz sauber und schalten Sie Ihre Geräte aus.

Nehmen Sie sich Zeit: Bevor Sie sich mit jemandem treffen, nehmen Sie sich ein oder zwei Minuten Zeit, um den Kopf frei zu bekommen. Üben Sie vor dem Gespräch einige Entspannungstechniken wie tiefe Atmung und Muskelentspannung.

Meditieren: Meditation ist eine Form der Achtsamkeitspraxis, mit der Sie lernen können, sich auf den gegenwärtigen Moment zu konzentrieren. Wenn Sie Ihren Kopf von "Müll" befreien, können Sie Platz für die Perspektive anderer schaffen. Wie bei vielen anderen Übungen gilt auch bei der Meditation: Je öfter Sie sie durchführen, desto besser werden Sie darin. Es mag schwierig sein, Meditation in einen hektischen Zeitplan einzubauen, aber schon fünf oder zehn Minuten pro Tag können helfen.

2. Einfühlungsvermögen kultivieren. Wir sehen die Welt häufig durch das Prisma unserer eigenen Erfahrungen, Persönlichkeiten und Ansichten. Wenn Sie einfühlsam sind, können Sie die Dinge aus der Perspektive einer anderen Person sehen. Empathie am Arbeitsplatz beschreibt eine Reihe von Techniken zur Verbesserung dieser Fähigkeit. Sie können z. B. ihren Standpunkt legitimieren, indem Sie ihren Standpunkt anerkennen. Das bedeutet nicht, dass Sie mit ihr übereinstimmen müssen, sondern nur, dass Sie anerkennen, dass sie einen anderen Standpunkt vertritt als Sie.

3. Hören Sie auf Ihre eigenen "Hinweise". Wir sehen die Welt oft durch die Linse unserer eigenen Erfahrungen, Persönlichkeiten und Sichtweisen. Empathie ermöglicht es Ihnen, die Dinge aus der Sicht einer anderen Person zu sehen. Empathy at Work bietet eine Reihe von Methoden, um diese Fähigkeit zu schärfen. Sie könnten zum Beispiel ihren Standpunkt bestätigen, indem Sie ihn anerkennen. Das bedeutet nicht, dass Sie ihr zustimmen müssen; es bedeutet nur, dass Sie verstehen, dass sie einen anderen Standpunkt hat als Sie.

Was sind die Vorteile des achtsamen Zuhörens?

Achtsames Zuhören unterscheidet sich vom aktiven Zuhören dadurch, dass es zwar eine Checkliste mit Aufgaben gibt, die zu erledigen sind, Sie als Zuhörer aber nicht immer dazu auffordert, Gedanken, Gefühle oder Reaktionen zu beobachten, die das Gehörte beeinflussen könnten. Stattdessen kann aufmerksames Zuhören Ihnen helfen, sich Ablenkungen bewusster zu machen, so dass Sie sich neu konzentrieren und aktiver zuhören können.

In ihrem Buch "The Zen of Listening", das im Jahr 2000 veröffentlicht wurde, behauptet Shafir, dass konzentriertes Zuhören Ihnen helfen kann:

- Retain information.
- Pause before you speak so that you can consider the effect of your words.
- Pay attention for longer.
- Boost your self-esteem.

Shafir und Scott zufolge kann das achtsame Zuhören körperliche und psychologische Vorteile haben. Sich auf eine andere Person zu konzentrieren, so Shafir, ist vergleichbar mit dem Streicheln eines Haustiers: Man vergisst sich selbst, der Blutdruck sinkt und man fühlt sich ruhiger. Und Scott zufolge kann es Menschen helfen, sich weniger ängstlich und fröhlicher zu fühlen.

Hindernisse für effektives Zuhören

Im modernen Leben gibt es viele Ablenkungen: Fernsehen, Radio, Straßenlärm, Telefone, Computer usw., die es uns erschweren, mit voller Aufmerksamkeit zuzuhören.

Wenn wir zuhören, neigen wir außerdem dazu, auf "Autopilot" zu gehen, zu nicken und zuzustimmen, ohne wirklich zu verstehen, was gesagt wird.

Während die andere Person spricht, unterbrechen wir vielleicht, dominieren die Diskussion oder planen unsere nächsten Worte. Wenn jemand einen anderen Standpunkt vertritt als wir, sind wir schnell dabei, ihn zu verurteilen zu kritisieren und ihm zu widersprechen.

Das Eigeninteresse sorgt dafür, dass unsere eigenen Ansprüche und Gedanken im Vordergrund stehen und der Sprecher in den Hintergrund gedrängt wird. Vorurteile, schlechte Selbstgespräche und frühere Erfahrungen können dazu führen, dass Sie sich auf sich selbst konzentrieren.

Die Kommunikation kann auch durch psychologische Hindernisse beeinträchtigt werden, so Scott. Falsche Annahmen, unaufgefordert Ratschläge oder Analysen, Verleugnung und Gefühle wie Angst, Apathie Eifersucht oder Abwehrhaltung sind Beispiele dafür.

Wichtige Punkte

Achtsames Zuhören ist eine Technik, bei der man zuhört, ohne zu urteilen zu kritisieren oder andere zu unterbrechen, und bei der man sich der eigenen Gedanken und Reaktionen bewusst ist, die andere daran hindern können erfolgreich mit einem zu sprechen.

Wenn Sie aufmerksam zuhören, sind Sie voll und ganz in diesem Moment präsent. Das bedeutet, dass Sie die gesamte Botschaft des Redners aufnehmen können und er sich gehört und gewürdigt fühlen kann.

Sie können lernen, Antworten und andere Ablenkungen, die Ihr Verständnis behindern, loszulassen, indem Sie präsent sind, sich in Empathie üben und auf Ihre eigenen Hinweise hören. So können Sie offen und aufnahmefähig für die Ideen anderer Menschen bleiben.

Wenden Sie dies auf Ihr Leben an

In Ihrem täglichen Leben kann aufmerksames Zuhören Ihnen helfen, Ihre Kommunikationsfähigkeiten zu verbessern. Setzen Sie dies zum Beispiel bei den nächsten drei Gesprächen mit Familienmitgliedern in die Praxis um.

WIRKSAME UND ÜBERZEUGENDE KOMMUNIKATION

Jeden Tag überzeugen wir andere, sei es, dass wir unsere Kinder ermutigen, ihr Zimmer aufzuräumen, dass wir einen Kollegen um Unterstützung bei einem Projekt bitten oder dass wir unsere Chefs davon überzeugen, unserem Team zusätzliche Ressourcen zu geben.

In bestimmten Fällen, z. B. beim Militär, reicht Ihr Titel oder Ihre Position aus, um zu überzeugen. In den meisten Fällen können Sie jedoch mit ein wenig effektiver Überzeugungsarbeit viel schneller das nötige Engagement erreichen, als wenn Sie Befehle erteilen.

Kommunikation ist das wichtigste Instrument, das wir bei fast jeder Art von Überzeugungsarbeit einsetzen. Es ist fast unmöglich, jemanden von seinem Standpunkt zu überzeugen, wenn man keine gute Kommunikationsstrategie hat - eine, die auf die Probleme der anderen Person eingeht, Antworten gibt und dies auf eine klare und einfache Weise tut.

Unabhängig davon, ob Sie sich mündlich oder schriftlich äußern, benötigen Sie die folgenden Informationen:

1. Eine klar definierte Bitte: Ganz gleich, ob Sie ein Produkt verkaufen, einen Job an Land ziehen, einen Investor überzeugen oder eine Politik ändern wollen, Sie sollten genau wissen, worum Sie bitten, und dies von Anfang an zum Ausdruck bringen. Wenn Ihre Zuhörer auch nach vielen Minuten (oder Absätzen) Ihrer Präsentation nicht verstehen, warum sie hier sind, werden ihre Gedanken abschweifen, und Sie werden sie verlieren.

2. 1-3 "Gesprächspunkte": Warum ist es im besten Interesse der anderen Person, das zu tun, worum Sie bitten (wie das Produkt ihr Problem lösen wird, warum Sie die beste Person für den Job sind, usw.)? Reduzieren Sie die Liste auf das Interessanteste und beginnen Sie mit Ihren größten Waffen.

3. Ein Geschäftsabschluss: Zum Schluss würde ich eine Aufforderung zu einer bestimmten Handlung formulieren. Auch wenn Ihr Publikum nicht bereit ist, sich zu verpflichten, sollten Sie sicherstellen, dass es genau versteht, was Sie von ihm verlangen. Legen Sie den nächsten Schritt fest und wie und wann Sie nachfassen werden. Legen Sie einen Termin für das Follow-up fest und melden Sie sich bei ihnen, wenn Sie ihnen "den Ball überlassen".

Wenn Sie Ihre Hausaufgaben machen, können Sie die wahrscheinliche Hindernisse Ihres Publikums überwinden.

- Was ist für diesen Mann und/oder sein Unternehmen entscheidend Wenn Sie sich um eine Stelle in einem professionelle Dienstleistungsunternehmen bewerben, sollten Sie Ihre zwischenmenschliche Fähigkeiten und Ihr Engagement für die Kundenbetreuung hervorheber Wenn Sie einen Vorgesetzten auf eine Änderung der Geschäftspoliti ansprechen, sollten Sie seine Vorlieben und Abneigungen sowie sein wichtigsten Motivatoren kennen. Arbeiten Sie dies in Ihre Präsentation ein wenn es für sie notwendig ist, um vor der Geschäftsleitung gut dazustehen.

- Was geschieht im Leben der Person, das ihr die Arbeit erschwert? I einer schwierigen Wirtschaftslage wie der heutigen sollten Sie de Kosteneinsparungsvorteil hervorheben, den Sie bieten (auch wenn dies ein Anfangsinvestition erfordert). Wenn Ihr Produkt oder Ihre Dienstleistung da Potenzial hat, Einnahmen zu generieren, sollten Sie dies ebenfalls betonen.

- Was sind die überzeugendsten Gegenargumente zu Ihrem Vorschlag Oppositionsforschung ist ein Begriff aus der Politik, obwohl sie in jeder Bereich wichtig ist. Machen Sie nicht den Fehler anzunehmen, dass Sie wisser was die andere Seite sagt. Wenn Sie mit einem anderen Produkt oder eine anderen Dienstleistung konkurrieren, sollten Sie sich das Material de Gegenseite besorgen. Kennen Sie deren Verkaufsargumente und seien Si darauf vorbereitet, sie zu widerlegen.

Je mehr Sie über Ihre Zielgruppe wissen, desto besser sind Sie in der Lage auf ihre Anfragen zu reagieren und eventuelle Einwände gegen Ihre Idee z überwinden.

Die Gesetze der Überredung nutzen

Ihr Ziel ist es, die Barrieren zu überwinden, die Sie daran hindern, "Ja" z sagen. Die Gesetze der Überredung des Psychologen Robert Cialdini könne dabei von Nutzen sein. Natürlich sind nicht alle von ihnen in jedem Szenari wirksam, aber Sie können einige von ihnen zu Ihrem Vorteil nutzen, wenn Si versuchen, andere zu überreden.

Gesetz der Reziprozität: Wenn man etwas "umsonst" verschenkt, ist di Wahrscheinlichkeit größer, dass man sich revanchiert. Das offensichtlichst

Beispiel sind die Adressaufkleber, die viele Organisationen an ehemalige oder potenzielle Spender ohne deren Zustimmung verschicken, in der Hoffnung, eine große Spende zu erhalten (was oft auch geschieht). Die Schlussfolgerung lässt sich am besten mit Stephen Coveys Sprichwort für die Kommunikation beschreiben: Man muss zuerst versuchen zu verstehen, bevor man verstanden wird. Wenn Sie sich aufrichtig bemühen, Ihr Publikum und seine Bedürfnisse zu verstehen, wird es eher bereit sein, Ihnen zu antworten.

Gesetz des Engagements und der Beständigkeit: Bevor Sie um das große "Ja" bitten, bringen Sie Ihr Publikum dazu, in kleinen Schritten mit "Ja" zu antworten. Stellen Sie Fragen wie "Möchten Sie Geld sparen?", damit Ihr Publikum Ihre Idee unterstützt. "Suchen Sie etwas von hoher Qualität?" "Wären Sie daran interessiert, dass ich Ihnen etwas anbiete, mit dem Sie beides erreichen können?" Wenn Sie die Menschen dazu bringen, Ihren Annahmen zuzustimmen, und sei es auch nur im Ansatz, erhöht sich die Wahrscheinlichkeit, dass sie "Ja" sagen, wenn es darauf ankommt, und sei es nur, um die interne Konsistenz zu wahren.

Gesetz des Mögens: Wann haben Sie das letzte Mal etwas von jemandem gekauft, der Ihnen nicht besonders sympathisch war? Wenn Ihnen das Benzin ausgeht und die einzige Person, die es Ihnen verkaufen will, ein Idiot ist, werden Sie es wahrscheinlich bei ihm kaufen. Wenn es sich hingegen um etwas handelt, auf das Sie verzichten können, und Sie es an vielen Orten erwerben können, werden Sie sich eher für die Person entscheiden, die Sie mögen.

Wenn Sie versuchen, jemanden zu überzeugen, suchen Sie nach Punkten der Übereinstimmung. Das können die Yankees sein, die Tatsache, dass Sie beide der gleichen Kirche angehören, die Tatsache, dass Sie beide Absolventen der Brown University sind, oder etwas anderes. Der Aufbau eines guten Verhältnisses kann den Abschluss eines Geschäfts erleichtern. Wenn Sie nicht wissen, was Sie gemeinsam haben, können Sie sich durch Fragen und aufrichtiges Interesse an der anderen Person nicht nur das nötige Wissen aneignen, sondern auch mit einem guten Zuhörer punkten.

Andere offensichtliche Wege, um sympathisch zu sein: Lächeln Sie, seien Sie fröhlich, seien Sie selbstbewusst, seien Sie pünktlich, seien Sie höflich, und streiten Sie sich nie und nimmer.

Gesetz der Autorität: Wird die von Ihnen gewünschte Änderung der Politik von der American Medical Association, der American Bar Association oder einer anderen angesehenen Gruppe auf Ihrem Gebiet unterstützt? Eine mächtige Institution, die Ihre Forderung unterstützt, könnte Ihnen helfen, Skeptiker zu überzeugen.

Gesetz des sozialen Beweises: Das ist das Argument, dass "alle anderen es auch tun". Als Eltern eines Teenagers werden Sie natürlich gegen diese Regel predigen wollen, wann immer Sie können, aber die Realität ist, dass viele von uns regelmäßig davon überzeugt werden. Wenn alle Ihre Freunde iPhones haben, werden Sie sich wahrscheinlich auch eines wünschen. Wenn Ihre wichtigsten Konkurrenten eine bestimmte Software verwenden, sollten Sie ernsthaft in Erwägung ziehen, sie ebenfalls zu nutzen. "Alle anderen tun es auch", wie Ihre Mutter sagte, ist vielleicht keine gute Idee, wenn "alle anderen von einer Brücke springen". Es ist jedoch ein enormer Anreiz, wenn es um andere, weniger tödliche Vorschläge geht.

Jeder Versuch, Menschen zu überzeugen, unabhängig davon, worum Sie sie bitten, erfordert eine effektive Kommunikation.

Im Unternehmensbereich ist die Fähigkeit zu überzeugen wichtig. Sie brauchen sie tagtäglich, um Mitarbeiter davon zu überzeugen, auf die Unternehmensziele hinzuarbeiten, oder um Kollegen oder Kunden dazu zu bewegen, Ihre Gedanken und Vorschläge zu berücksichtigen. Wenn Sie die Kunst der überzeugenden Kommunikation beherrschen, können Sie die Unterstützung anderer gewinnen, Ihr Team vereinen und es zur Zusammenarbeit inspirieren.

Kennen Sie Ihr Publikum

Egal, ob Sie einen Brief an Ihre Mitarbeiter schreiben oder eine Präsentation vor dem gesamten Unternehmen halten, die Art und Weise, wie Sie Ihre Botschaft gestalten, ist unterschiedlich. Überzeugende Kommunikation berücksichtigt die Anforderungen, Werte und Wünsche des Publikums. Die Zuhörer sind empfänglicher für überzeugende Kommunikation, wenn sie glauben, dass der Redner ihnen in irgendeiner Weise ähnlich ist, sei es aufgrund des Alters, des Berufs oder der sozioökonomischen Stellung. Wenn Sie die Anliegen Ihrer Zuhörer ansprechen, werden diese Sie als jemanden wahrnehmen, der ihnen ähnlich ist. Infolgedessen sollten die Menschen auch offener für Ihre Botschaft sein.

Die Aufmerksamkeit des Publikums gewinnen

Sie müssen zunächst die Aufmerksamkeit des Publikums erregen und erklären, warum es sich lohnt, Ihrer Idee oder Empfehlung zuzuhören, bevor Sie es überzeugen können. Beginnen Sie mit einer Anekdote, die den Punkt, den Sie zu vermitteln versuchen, veranschaulicht, oder mit einer verblüffenden Tatsache, die erklärt, warum das, was Sie sagen, von Bedeutung ist. Beginnen Sie mit einer Zahl darüber, wie viele Krankheitstage Raucher im Vergleich zu Nichtrauchern verbrauchen, wenn Sie versuchen, die Unternehmensleitung davon zu überzeugen, eine Nichtraucherpolitik einzuführen.

Glaubwürdigkeit etablieren

Sie müssen Ihre Glaubwürdigkeit und Autorität unter Beweis stellen, um ein Publikum zu beeinflussen. Menschen sind offener für jemanden, den sie als Autoritätsperson wahrnehmen, unabhängig davon, ob diese Person direkte Macht über sie hat, wie z. B. ein Chef, oder eine Autoritätsperson in ihrem Geschäft oder Beruf ist. Sie sollten versuchen, Menschen von allem zu überzeugen, was Sie nachweisen können oder wovon Sie aus erster Hand wissen. Verwenden Sie statistische oder anekdotische Beweise, um Ihre Aussagen zu untermauern.

Passen Sie die Botschaft an das Medium an

Was in schriftlicher Form überzeugt, überzeugt nicht immer, wenn es laut ausgesprochen wird. In einem schriftlichen Dokument können Sie z. B. Zahlen und Statistiken verwenden, da die Leser sich Zeit nehmen können, das Material auszuwerten. Wenn Sie Ihren Zuhörern diese Statistiken jedoch während eines Vortrags wiederholt vorlegen, laufen Sie Gefahr, sie zu verwirren und ihr Interesse zu verlieren. Da Sie eine persönliche Beziehung zu Ihren Zuhörern aufbauen und Augenkontakt, Gesten und andere nonverbale Hinweise nutzen können, um ihre Aufmerksamkeit zu erhalten, ist es häufig erfolgreicher, andere von Angesicht zu Angesicht zu überzeugen.

Vorteile vermitteln

Wenn Sie Ihren Zuhörern zeigen können, wie Ihre Idee ihnen hilft, ist es einfacher, sie zu überzeugen. Wenn Sie Ihre Mitarbeiter bitten, während einer Hochsaison Überstunden zu machen, erklären Sie, wie das zusätzliche Geld zur Finanzierung weiterer Leistungen für die Mitarbeiter oder zur Verbesserung des Arbeitsplatzes verwendet werden soll. Wenn Sie versuchen, Ihren Chef davon zu überzeugen, Sie in Teilzeit von zu Hause aus arbeiten zu lassen, verweisen Sie auf Untersuchungen, die zeigen, dass Mitarbeiter, denen Telearbeit gestattet ist, produktiver sind. Erläutern Sie, wie die Umsetzung Ihres Konzepts das Image des Unternehmens verbessern und mehr Kunden anziehen würde, wenn Sie einem Kunden eine Idee vorschlagen.

Körpersprache verwenden

Wenn es um verbale Kommunikation geht, ist Ihr Auftreten genauso wichtig wie Ihre Worte, um zu überzeugen. Ihr Publikum könnte Sie als aggressiv oder wütend ansehen, wenn Sie die Arme verschränken. Sie könnten Sie als schwach oder unsicher wahrnehmen, wenn Sie zappeln. Sie könnten annehmen, dass Sie etwas verbergen, wenn Sie nur selten Augenkontakt herstellen. Wenn Sie den Augenkontakt mit Ihrem Publikum aufrechterhalten, können Sie Ihre Botschaft besser vermitteln. Aufrechtes Stehen vermittelt den Eindruck von Autorität und Selbstvertrauen. Entspannen Sie Ihre Arme und lassen Sie sie an der Seite - es sei denn, Sie machen eine Bewegung - anstatt sie hinter oder vor Ihnen zu verschränken, um Ihre Ehrlichkeit und Offenheit zu zeigen.

WIE KÖNNEN SIE IHR CHARISMA ENTWICKELN UND SYMPATHISCHER WERDEN?

Die Menschen glauben oft, dass Charisma etwas ist, mit dem man geboren wird, aber das ist nicht immer der Fall. Es ist durchaus möglich, seine Sympathie und seinen Charme zu verbessern, unabhängig von seinem Persönlichkeitstyp. Es geht darum, sich auf bestimmte Eigenschaften zu konzentrieren, die Sie kultivieren und auf Ihr eigenes Verhalten anwenden können, um attraktiver, vertrauenswürdiger und einflussreicher zu wirken. Hier sollten Sie beginnen.

Charisma ist etwas, das man lernt

Wenn Sie schon einmal jemandem begegnet sind, der nett ist, aber Sie können nicht genau sagen, warum, dann hat er Charme. Auch Sie können lernen, charmant zu sein, mit ein paar Änderungen in Ihrem Verhalten. Ihr Charisma wird durch das bestimmt, was Sie sagen und tun, und nicht dadurch, wer Sie als Person sind. Die Art und Weise, wie Sie mit anderen Menschen umgehen, Ihr Unterbewusstsein, soziale Signale und Ihre körperliche Ausstrahlung spielen alle eine Rolle bei der Entwicklung Ihrer Ausstrahlung.

Olivia Fox Cabane, eine Verhaltensspezialistin und Autorin, erzählte in einem Video eine Geschichte über Marilyn Monroe. Monroe lud einen Fotografen zu einer sehr belebten Tageszeit in die Grand Central Station in New York City ein. Obwohl überall Menschen waren, schien niemand eine der berühmtesten Persönlichkeiten der Welt zu bemerken. Sie stieg in einen Zug und fuhr friedlich zur nächsten Haltestelle, ohne zu bemerken, dass sie verfolgt wurde. Laut Cabane versuchte Monroe, etwas zu beweisen:

"Was Marilyn zeigen wollte, war, dass sie sich entscheiden konnte, die wunderschöne Miss Monroe oder die gewöhnliche Norma Jean Baker zu sein, indem sie einfach die Entscheidung traf (ihr richtiger Name). Im Zug war sie Norma Jean, aber als sie auf die überfüllten New Yorker Bürgersteige trat, entschied sie sich, sich in Marilyn zu verwandeln. "Willst du sie sehen?", neckte sie den Fotografen, während sie sich umschaute. Was ist mit Marilyn los?

Danach habe sie keine großen Bewegungen mehr gemacht, sondern nur noch ihr Haar aufgeplustert und eine bestimmte Haltung eingenommen. Trotzdem wurde sie durch diese kleine Veränderung fesselnd. Alles kam zum Stillstand, als eine Aura der Macht von ihr auszugehen schien. Die Zeit blieb stehen, ebenso wie die Menschen um sie herum, die staunend feststellten, dass eine Berühmtheit direkt vor ihnen stand..."

Marilyn Monroe hatte die Schönheit auf ihrer Seite, aber sie wollte zeigen, dass Charme etwas ist, das man kultiviert und ausstrahlt, und nicht etwas, mit dem man geboren wird. Das Ziel dieses Spiels ist es, die Marilyn Monroe in deiner Norma Jean Baker zu finden. Sie ist da, aber du musst sie suchen.

Denken Sie jedoch daran, dass Sie ein wenig Mut brauchen. Charisma zu entwickeln ist ein Prozess, bei dem Sie Ihr Handeln unter die Lupe nehmen müssen. Seien Sie nicht zu hart zu sich selbst, wenn Ihnen nicht immer gefällt, was Sie sehen. Sie werden die Gewohnheiten erkennen, die Sie ändern müssen, wenn Sie Ihre Erwartungen unter Kontrolle halten. Denken Sie daran, dass Sie durch die Feinabstimmung Ihrer Kommunikation nach außen nicht Ihre eigene Person verändern, sondern lediglich die Art und Weise, wie andere Sie sehen.

Meistern Sie die Kunst der Anwesenheit

Die wichtigste Komponente von Charisma ist "Präsenz", dicht gefolgt von Vertrauen. Präsenz bedeutet, sich voll und ganz auf die Menschen einzulassen. Im Wesentlichen zeigen Sie der anderen Person, dass sie Ihre ungeteilte Aufmerksamkeit hat. Wenn es Ihnen an Selbstvertrauen mangelt, wirken Sie vielleicht schüchtern oder uninteressiert, aber wenn es Ihnen an Präsenz mangelt, können Sie als jemand erscheinen, der nur daran interessiert ist, sich zu zeigen. Keines der beiden Extreme ist perfekt, wie es bei den meisten Dingen der Fall ist.

Wenn es darum geht, Charisma zu entwickeln, betont die Kunst der Präsenz den wichtigsten Punkt, den man sich merken sollte: Es geht nicht um einen selbst. Oder, um es mit den Worten von Brett und Kate McKay von The Art of Manliness auszudrücken:

Wenn Sie an Charisma denken, stellen Sie sich vielleicht vor, dass Sie danach streben, für andere wirklich wunderbar zu sein. Das paradoxe

Geheimnis von Charisma besteht jedoch darin, dass es nicht darum geht, die eigenen Tugenden zu preisen, sondern vielmehr darum, dass der andere sich selbst gut fühlt. Echtes Charisma hilft dem anderen, sich wichtig zu fühlen; er fühlt sich nach der Interaktion mit Ihnen besser als vorher.

Tatsache ist, dass wir uns selbst gern haben und gern über uns sprechen. Menschen, die Sie charmant und charismatisch finden, erlauben Ihnen hingegen, Sie selbst zu sein und über sich selbst zu sprechen. Seien Sie fröhlich, ignorieren Sie Ihr Ego und konzentrieren Sie sich ganz auf die anstehende Aufgabe. Das ist alles, was Sie tun müssen.

Achten Sie auf alles, was aus dem Munde anderer kommt. Stellen Sie sich vor, Sie sehen einen Film oder lesen ein Buch und erfahren nach und nach mehr über die Hauptfigur. Schenken Sie ihnen Ihre ganze Aufmerksamkeit und Konzentration. Und vor allem: Überlegen Sie nicht, was Sie sagen werden, während der andere spricht. Das mag zwar proaktiv erscheinen, zeigt aber, dass Sie nicht wirklich zuhören und nur eine Antwort planen.

Es sollte eigentlich selbstverständlich sein, aber wenn Sie Ihr Handy mitten in einem Gespräch herausholen, zerstören Sie jede Sympathie, die Sie aufgebaut haben. Nichts zeigt so deutlich, dass Sie nicht aufmerksam sind, wie das Senden einer "schnellen E-Mail" oder das Überfliegen von Instagram.

Natürlich gibt es ein Gleichgewicht. Man kann nicht den ganzen Tag nur rumsitzen und den Leuten zuhören. Es ist auch wichtig zu wissen, wie man spricht und sich anderen gegenüber selbstbewusst ausdrückt.

Ein Gefühl des Vertrauens entwickeln

Wenn es darum geht, charismatischer zu werden, ist Selbstvertrauen entscheidend, aber es ist nicht einfach zu erreichen. Sie wollen nicht arrogant wirken, aber Sie wollen auch nicht schüchtern oder ängstlich erscheinen. Es geht vor allem darum, wie wohl Sie sich in Ihrer Haut fühlen. Regelmäßige Bewegung, Kleidung, in der Sie sich wohlfühlen, und Gespräche über Themen, über die Sie viel wissen, können Ihnen helfen, Selbstvertrauen zu entwickeln und zu bewahren.

Aber Sie sollten nicht nur über das sprechen, was Sie wissen. Wenn Sie selbstbewusst auftreten, können Sie ehrlich sein und zeigen, dass Sie auch interessiert sind. Die meisten von uns sind verschlossen, wenn wir in eine

Debatte über etwas verwickelt werden, das wir nicht verstehen, und wir suchen nach Methoden, um uns zu verteidigen, anstatt unsere Unwissenheit zu akzeptieren. Wenn Sie vom "Schutzmodus" in den "Neugiermodus" wechseln, wirken Sie selbstbewusst, weil Sie nichts wissen. Außerdem behält man durch sein Interesse die so wichtige Präsenz. Sie sind nicht in Gedanken versunken und versuchen, Lösungen zu finden, sondern Sie nehmen aktiv am Gespräch teil.

Leben mit Sinn

Menschen, die Selbstvertrauen und Charme ausstrahlen, haben auch ein Gefühl für den Sinn ihres Lebens. Wenn man kein Ziel oder keine treibende Kraft zu haben scheint, ist das offensichtlich. Sie müssen sich Ihre Leidenschaft nicht auf die Fahne schreiben, aber Sie müssen daran glauben, dass Sie leben, um etwas zu bewirken. Suchen Sie sich etwas aus, das Sie antreibt, und gehen Sie es an, sagt Jordan Lejuwaan von HighExistence:

Wählen Sie eine Sache, ein Ziel oder eine Vision und setzen Sie sie in die Tat um. Die Menschen wollen eine Sache, um die sie sich scharen können, etwas, an das sie glauben können. Sie müssen einen so tiefen Glauben daran haben, dass er jede Ihrer Handlungen beseelt. Seien Sie in jeder Situation selbstbewusst. Zeigen Sie, dass Sie nicht von den gleichen Zweifeln geplagt werden wie die meisten anderen. Tun Sie so, als wüssten Sie genau, wohin Sie wollen, auch wenn Sie es nicht wissen.

Sie wissen vielleicht nicht immer, wohin Sie gehen, aber Sie sollten so tun, als ob Sie es wüssten. Tun Sie so, als ob Sie Ihren Text kennen, während sich eine Situation abspielt. Wir alle kennen diese Momente, in denen wir etwas Dummes getan haben und uns dachten: "Wow, das war dumm." Vergessen Sie diese Momente. Wenn Sie solche Momente erleben und auch nur für den Bruchteil einer Sekunde so denken, ändert sich Ihr Verhalten. Die Leute werden merken, wenn du schwankst. Selbstvertrauen bedeutet, dass man sich mit dem, was man ist und was man tut, wohlfühlt, egal, was das bedeutet. Menschen mögen selbstsichere Menschen, auch wenn ihre anderen Eigenschaften weniger attraktiv sind. Wenn Sie selbstbewusst sind, ist es nur ein Katzensprung, charmant zu sein.

Erobern Sie die Grundlagen der Konversation

Charismatische Menschen wissen, wie man mit anderen kommuniziert. Sie verstehen es, eine Diskussion anzustoßen, sie in die richtige Richtung zu lenken und dafür zu sorgen, dass sich andere wohl fühlen. Wenn Sie nicht wissen, wie Sie mit anderen auf einer grundlegenden Ebene kommunizieren können, brauchen Sie Übung. Es mag schwierig sein, aber es wird sich sehr lohnen, wenn Sie mutig sind und sich von Ihrem Mauerblümchendasein lösen können. Es wird anfangs unangenehm sein, aber Unbehagen ist ein notwendiger Teil des Lernprozesses.

Werden Sie erfinderisch, wenn Sie nicht wissen, wie Sie ein Gespräch beginnen sollen. Überlegen Sie zunächst, worüber Sie sprechen wollen und worüber Sie nicht sprechen wollen. Wenn Sie sich bei etwas unwohl fühlen, werden sich andere mit Sicherheit auch unwohl dabei fühlen. Es ist auch viel einfacher, ein Gespräch zu beginnen, indem man freundlich ist, anstatt zu versuchen, clever zu erscheinen. Ganz abgesehen davon, dass Höflichkeit eine wunderbare Methode ist, um Ihren Charme zu steigern. Wenden Sie die Geschichte/Philosophie/Metapher-Regel an, wenn Sie nicht wissen, wo Sie anfangen sollen oder wenn Sie nicht weiterkommen. Bemühen Sie sich, peinliches Schweigen zu vermeiden.

Gute Gesprächspartner verstehen es, andere auf die gleiche Ebene zu bringen. Sie erzählen Geschichten und teilen ihre Erfahrungen mit. Setzen Sie Humor zu Ihrem Vorteil ein und denken Sie daran, dass es nicht darauf ankommt, was Sie sagen, sondern wie Sie es sagen. Halten Sie sich mit einem Witz zurück, wenn Sie sich nicht sicher sind. Wenn Sie ihn loslassen, wird niemandem ein Schaden zugefügt. Nehmen Sie einen Komiker, der auf der Bühne eine Bombe zündet. Nichts ist unangenehmer oder ausstrahlungsschwächer als das, also vermeiden Sie das um jeden Preis. Nichts ist unangenehmer und charismatischer als das, also vermeiden Sie es. Ein Komiker, der sich seiner Witze sicher ist, hat dagegen eine Menge Charme. Richtig eingesetzt, kann Humor Sie zur sympathischsten Person im Raum machen.

Und schließlich, aber sicher nicht zuletzt, stellen Sie Fragen. Menschen wollen gehört werden, und wie Siimon Reynolds von Forbes es ausdrückt, bieten Fragen die ideale Gelegenheit, gemocht zu werden:

Das Gespräch wird im Allgemeinen von der Person gesteuert, die die Fragen stellt. Und Personen, die kluge, ja sogar weise Fragen stellen, wirken klug und weise, zwei Eigenschaften, die zu einem gewissen Charme beitragen. Ich fand es schon immer faszinierend, dass Personen, die viele Fragen stellen, in der Regel den besten Eindruck hinterlassen, obwohl sie für eine gute Frage weit weniger Informationen benötigen als für eine gute Antwort.

Nehmen Sie Talkshow-Moderatoren. Sie gehören zu den charmantesten und charismatischsten Menschen auf der Welt, und das ist der Grund, warum sie diese Jobs bekommen haben. Sie sind amüsant, aber die meiste Zeit stellen sie ihren Gästen nur Fragen, obwohl sie den Eindruck erwecken, die liebenswerte Person zu sein, die alles im Griff hat. Bei der Ausstrahlung geht es mehr darum, dass die Menschen etwas über Sie lernen, als dass Sie etwas über andere lernen.

Üben Sie effektiven Blickkontakt

Augenkontakt kann manchmal mehr ausdrücken als Worte allein. Augenkontakt kann zeigen, dass Sie aufmerksam sind, dass Sie sich kümmern und dass Sie die andere Person so akzeptieren, wie sie ist. Ein Blick nach unten oder ein häufiges Abwenden des Blicks zeigt, dass Sie nicht interessiert sind und Ihre Aufmerksamkeit woanders hingelenkt ist.

Den Blickkontakt zu üben, kann hingegen schwierig sein. Sowohl zu viel als auch zu wenig kann abschreckend wirken. Um das richtige Maß zu finden, müssen Sie experimentieren. Ramit Sethi, Autor und Gründer von I Will Teach You To Be Rich, empfiehlt, einige Voruntersuchungen durchzuführen:

...versuchen, den Blickkontakt eine Sekunde länger als gewöhnlich aufrechtzuerhalten. Was sind Ihre Gedanken? Wie reagiert die andere Person? Denken Sie daran, dass Sie sehr viele Gelegenheiten haben, dies auszuprobieren. Üben Sie an Ihrem Kellner, dem Barista oder der Person an der Kasse.

Mit der Zeit werden Sie ein Gefühl dafür entwickeln, was funktioniert und was zu weit geht. Es ist genauso wichtig, wie Sie den Augenkontakt herstellen, wie lange er anhält. Wenn Sie nicht wissen, wo Sie anfangen sollen, ohne unheimlich zu wirken, versuchen Sie, sich auf die Farbe der Augen Ihres Gegenübers zu konzentrieren. Machen Sie es sich zur Gewohnheit, die Augenfarbe jeder Person zu beachten, mit der Sie sprechen. Diese Art von Augenkontakt lässt Sie sympathisch wirken, ohne Sie fremd erscheinen zu lassen.

Sei ausdrucksstark mit deinem Körper

Menschen mit Charisma können sich auf vielfältige Weise ausdrücken. Es kann viel bewirken, wenn Sie Ihren Körper einsetzen, um Ihre Gefühle oder das, was Sie sagen, hervorzuheben und zu verstärken. Niemand hält eine Person, die starr wie ein Brett ist, für faszinierend oder anziehend. Vergessen Sie vor allem nicht zu lächeln. Menschen, die lächeln, sind zugänglicher und sympathischer als solche, die verärgert oder desinteressiert wirken. Wenn Sie unsicher sind, wo Sie mit der körperlichen Ausdruckskraft anfangen sollen, schlägt Sims Wyeth von Inc. vor, an die Menschen - oder Haustiere - zu denken, die Sie kennen, und ihre Körperlichkeit zu beobachten.

> Denken Sie an Kramer aus Seinfeld, als er in Jerrys Wohnung kommt und etwas Unerwartetes erfährt. Wenn Ihre Großmutter Sie nach langer Abwesenheit wiedersieht, wirft sie die Arme in die Luft und geht in die Knie. Oder mein Hündchen Little Bear, das mich am Ende des Tages mit einem Freudentanz begrüßt.

Der Einzelne ist gern in Gesellschaft von Menschen (und Tieren), die über ein breites Spektrum an ausdrucksstarken Bewegungen verfügen. Natürlich will man sich bei der Arbeit nicht wie Kramer aufführen, aber Gesten, die auf das aktuelle Geschehen eingehen und der Situation angemessen sind, sind attraktiv.

Sie sollten auch darauf achten, welche Arten von Ausdrucksverhalten schädlich sind. Nicken ist zum Beispiel eine fantastische Möglichkeit, um zu zeigen, dass Sie aufmerksam sind, aber zu viel Nicken könnte den Eindruck erwecken, dass Sie überhaupt nicht aufmerksam sind. Die andere Person merkt, dass Sie versuchen zu beweisen, dass Sie aufmerksam sind, und fühlt sich nicht mehr bestätigt. Menschen können Ihre Mimik lesen, egal wie unbedeutend sie ist. Wenn Sie sich also Ihrer schlimmsten Fehler bewusst werden, kann Ihnen das nur helfen. Wenn Sie sich nicht sicher sind, was Sie tun, damit Ihr Text schlecht klingt, bitten Sie einen Freund oder jemanden, dem Sie vertrauen, ganz ehrlich zu Ihnen zu sein. Es ist schwierig, die Wahrheit zu hören, aber was man nicht versteht, kann man auch nicht heilen.

Versetzen Sie sich in eine Stimmung, in der Sie sich Ihres Verhaltens bewusst sind, ähnlich wie ein Methodendarsteller in die Rolle schlüpft, die er verkörpert. Cabane schlägt vor, innezuhalten und sich auf die Empfindungen in den Zehen zu konzentrieren, wenn Sie beginnen, das Bewusstsein für Ihre Manierismen zu verlieren. So erhalten Sie ein vollständiges Bild von allem, was Ihr Körper tut. Nehmen Sie eine hängende Haltung ein? Stecken Sie die Hand in die Tasche und spielen mit etwas herum? Erkennen Sie Ihr Verhalten und ändern Sie es.

Im Zweifelsfall das Spiegeln üben

Es ist ganz einfach, im Moment charmant zu sein, indem man Charaktereigenschaften spiegelt. Sie werden sehen, wie gut die Leute reagieren, wenn Sie die körperlichen Eigenheiten und das Energieniveau der anderen Person übernehmen. Sie müssen nicht mit allem einverstanden sein, was die andere Person sagt oder tut, sondern sich nur ähnlich verhalten. Dies kann in bestimmten sozialen Situationen spontan geschehen, ist aber eine einfache Methode, um Ihre Sympathie zu steigern. Es versteht sich von selbst, dass Sie nicht versuchen sollten, Charlie Chaplins Spiegelszenario nachzuahmen, indem Sie zu sehr imitieren, was die andere Person tut. Das ist seltsam.

Sie können auch die Eigenschaften imitieren, die jemanden für Sie sympathisch machen. Wenn es um Charisma geht, ist Beobachtung der Schlüssel, und wie Joyce Newman, Präsidentin der Newman Group, sagt, sollten Sie sich an den Personen orientieren, von denen Sie glauben, dass sie Charisma haben:

Du musst sie nicht kopieren, sondern kannst ihre Tricks studieren, sie ausprobieren und so lange optimieren, bis sie perfekt für dich sind. Es ist ein Prozess von Versuch und Irrtum.

Schauen Sie sich Hollywood an, oder wo immer Sie faszinierende Menschen sehen, und achten Sie darauf, wie sie sich verhalten. Sicherlich sind manche Menschen eingebildet, aber Sie können die wirksamen, charmanten Eigenschaften für sich selbst nutzen und einsetzen. Ahmen Sie die netten Menschen, die Sie kennen, nach, und Sie werden ein oder zwei Dinge darüber lernen, wie Sie Ihre eigene Sympathie verbessern können.

Sie haben die Möglichkeit, beliebter und charmanter zu werden, und die Anpassungen, die Sie vornehmen müssen, sind nicht so bedeutend, wie es scheint. Seien Sie präsent, selbstbewusst und beobachten Sie, wie Sie die Wahrnehmung der anderen durch Ihr Verhalten schrittweise beeinflussen.

WIE MAN EFFIZIENT AM TELEFON KOMMUNIZIERT

Gute Telefonkenntnisse machen in der Regel einen guten Eindruck und werden hoch geschätzt. Es mag Sie überraschen, dass Unternehmen auch im Zeitalter des Internets und der sozialen Medien immer noch überwiegend per Telefon kontaktiert werden. Daher ist es sinnvoll, Ihre Fähigkeiten zur Beantwortung von Fragen am Telefon zu verbessern.

Es gibt nicht viele Berufe, in denen man nicht telefonieren muss. Überlegen Sie also, was Sie tun können, um Ihre Kommunikationsfähigkeit am Telefon zu verbessern.

Seien Sie enthusiastisch und sprechen Sie klar und deutlich

Dies sind zwei der grundlegendsten und wichtigsten Fähigkeiten, die Sie bei der Führung eines Gesprächs benötigen. Es ist wichtig, die andere Person davon zu überzeugen, dass Sie sich freuen, mit ihr zu sprechen. Um dies zu erreichen, sollten Sie jeden Anruf mit einem Lächeln und Elan in Ihrer Stimme begrüßen. Sie wollen Ihre Begeisterung für den Anrufer zum Ausdruck bringen, und Ihre Stimme sollte freundlich sein, um sicherzustellen, dass der Anrufer mit dem Gespräch zufrieden ist. Die Menschen brauchen nicht viel, um sich aufzumuntern.

Natürlich reicht Begeisterung allein nicht aus. Es ist auch wichtig, dass Sie langsam und deutlich sprechen, damit die Anrufer Sie verstehen können. Während eines Telefongesprächs sollten Sie die Ruhe bewahren und vermeiden, jemandem ins Ohr zu sprechen. Selbstvertrauen kommt mit der Übung, aber wenn Sie zum ersten Mal den Hörer abnehmen, sollten Sie so ruhig wie möglich bleiben, denn dadurch wird Ihre Stimme langsamer und deutlicher.

Üben, üben, üben!

Nur im Wörterbuch steht "Erfolg" vor "Anstrengung", wie ein weiser Mann behauptet. Selbst dort steht "Ergebnis" nicht vor "Praxis".

Sie müssen sich selbst (und Ihren Kollegen und Mitarbeitern) beibringen, wie man Gespräche führt, wenn Sie am Telefon glänzen wollen. Das Beantworten von Telefonaten ist wie jedes andere Talent, das Sie erlernen möchten: Sie müssen es regelmäßig üben, um es zu perfektionieren.

Das Ziel des Übens ist es, nicht nur besser zu werden, sondern auch eine natürliche Reaktion zu entwickeln. Wenn Sie ans Telefon gehen, sollten Sie es so weit bringen, dass Sie nicht mehr lächeln oder langsam und deutlich sprechen müssen.

Um Ihre Diktion und die Spannung in Ihrer Stimme zu verbessern, können Sie verschiedene Methoden anwenden. Sie können sich entweder selbst aufnehmen und die Aufnahmen anhören, oder Sie können Freunde, Verwandte oder Kollegen (so ziemlich jeden) um Rat fragen. Die Sichtweise einer anderen Person zu hören, ist immer von Vorteil, da sie die Dinge aus einer neuen Perspektive sieht und Ihnen Anregungen geben kann, wie Sie Ihre Fähigkeiten verbessern können.

Konzentrieren Sie sich nur auf den Anruf

Was ist die eine wesentliche Fähigkeit, die Sie beim Telefonieren zeigen müssen? In Wirklichkeit ist es unwahrscheinlich, dass es ein einziges wesentliches Element gibt. Stattdessen benötigen Sie ein breites Spektrum an Fähigkeiten.

Ich empfehle Ihnen jedoch dringend, darauf zu achten, dass Sie... aufmerksam sind. Ja, wenn Sie der Person am anderen Ende der Leitung eine angenehme Erfahrung bieten wollen, müssen Sie sich auf das Telefongespräch konzentrieren.

Das gilt besonders, wenn Sie in einem Kontaktzentrum arbeiten oder mit Kunden oder potenziellen Kunden sprechen, die Ihrem Unternehmen und damit auch Ihnen persönlich Geld bringen. Sie sollten sich bemühen, Ihre Umgebung auszublenden, damit Sie dem Anrufer Ihre ungeteilte Aufmerksamkeit schenken können.

Wenn Sie sich ausschließlich auf das laufende Gespräch konzentrieren, werden Ihre Sinne geschärft und Sie können sich auf das vom Anrufer genannte Problem konzentrieren. Wenn Sie sich voll und ganz auf das Gespräch konzentrieren, ist die Wahrscheinlichkeit geringer, dass Sie sachliche Fehler machen oder das, was Ihr Gesprächspartner sagt, falsch verstehen. Es ist nicht nötig, auf die möglichen Folgen solcher Fehler einzugehen; ich bin zuversichtlich, dass Sie es selbst herausfinden werden.

Lernen Sie, geduldig zu sein

Sie sollten nicht nur aufmerksam zuhören, was ein Anrufer sagt, sondern auch geduldig sein und warten, bis Ihr Gesprächspartner zu Ende gesprochen hat. Unterbrechen kommt nicht in Frage.

Sowohl bei Telefongesprächen als auch bei persönlichen Begegnungen ist es schwierig, die Fähigkeit des Zuhörens zu beherrschen. Sie müssen sich jedoch Geduld aneignen, da dies eine besonders nützliche Fähigkeit ist, wenn Sie im Namen eines Unternehmens Kundenbetreuung leisten. Möglicherweise müssen Sie gelegentlich mit verärgerten Kunden sprechen. In diesem Fall müssen Sie Ihre Zuhörfähigkeit und Geduld unter Beweis stellen. Erlauben Sie der anderen Person zu sagen, was sie will, solange es nicht aggressiv oder bedrohlich ist, und geben Sie dann die beste Antwort auf ihre Situation.

Überprüfen Sie wichtige Informationen

Selbst wenn Sie dem Anrufer genau zuhören, verpassen Sie möglicherweise einiges von dem, was er sagt.

Dies kann auf eine vorübergehende Unterbrechung der Leitung zurückzuführen sein oder darauf, dass die Person nicht richtig spricht (vielleicht hat sie einen Akzent). In solchen Fällen ist es nicht nur angemessen, sondern auch ratsam, die Person respektvoll zu bitten, das Gesagte zu wiederholen. Es ist normal, dass man einen Namen, eine Telefonnummer oder andere potenziell wichtige Daten während eines Anrufs falsch versteht, also seien Sie nicht überrascht, wenn Sie Ihren Anrufer bitten müssen, etwas zu wiederholen. Es ist immer besser, um eine Erklärung zu bitten, als sich auf etwas zu verlassen, das Sie nicht genau wissen oder völlig übersehen haben.

Ein weiterer hilfreicher Ratschlag ist die ständige Überprüfung kritischer Informationen, die Sie von Ihren Kunden erhalten haben, da die Richtigkeit jedes Details einen erheblichen Einfluss auf Ihre zukünftige Verbindung haben kann. Sie sollten z. B. überprüfen, ob Sie den Namen des Kunden richtig geschrieben haben. Meiner Meinung nach ist es ein Unterschied, ob man Joe,

Josh oder John heißt. Aber es geht nicht nur um den Namen; wenn Sie einen Auftrag annehmen, sollten Sie immer die Auswahl des Anrufers bestätigen, um Missverständnisse zu vermeiden, die zu einer falschen Bearbeitung des Auftrags führen könnten.

Achten Sie auf Ihre Sprache

Die Vereinfachung des geschriebenen und gesprochenen Englisch ist ein ständiger Grund für Beschwerden von Sprachpuristen. Und, um ehrlich zu sein, haben sie nicht ganz Unrecht.

Wenn wir Text durch Emoticons ersetzen und es nicht schaffen, das, was wir sagen wollen, ohne "hmm", "errrm", "ah" und andere Füllwörter auszusprechen, wird unsere Sprachkultur als entwürdigend empfunden. Obwohl "du weißt schon" und "wie" "raffiniertere" Füllwörter sind, sind sie bei professionellen Telefongesprächen dennoch unangebracht.

Das Problem ist, dass wir uns so sehr an die Verwendung von Füllwörtern in unserer Rede gewöhnt haben, dass wir sie gar nicht mehr wahrnehmen. Am Anfang dieses Kapitels gibt es jedoch ein Gegenmittel: Übung ist der Schlüssel, um diese parasitären Wörter loszuwerden, die unsere Sprechfähigkeit vergiften. Wenn Sie an Ihren allgemeinen mündlichen Kommunikationsfähigkeiten und Ihrem Selbstvertrauen beim Sprechen arbeiten, können Sie sowohl Ihre Telefonfähigkeiten als auch Ihre allgemeinen sozialen Fähigkeiten verbessern.

VERBESSERUNG DER KOMMUNIKATIONSFÄHIGKEITEN IN EINER DIGITALEN WELT

Wie beurteilen Sie Ihre Kommunikationsfähigkeiten am Arbeitsplatz oder im Privatleben, insbesondere in dieser zunehmend digitalen Welt? Für manche war es noch nie so einfach, mit Freunden, Kollegen und Kunden zu kommunizieren und erfolgreich zu sein. Andere wiederum empfinden Kommunikation heute als gezwungen oder unnatürlich. Zu welcher Gruppe gehören Sie? Lassen Sie uns die Möglichkeiten zur Verbesserung der Kommunikation im digitalen Zeitalter genauer betrachten.

Der Wert der digitalen Kommunikation

Stellen Sie zunächst ein paar Fragen. Was bedeutet es, zu kommunizieren? Wie wichtig ist die digitale Kommunikation in Ihrem Leben? Gespräche und Interaktionen haben sich in vielen Situationen, sei es im Privatleben oder am Arbeitsplatz, von Angesicht zu Angesicht auf die digitale Kommunikation verlagert.

Kommunikation ist ein wichtiges Element für den Aufbau von Beziehungen und Freundschaften auf einer persönlichen Ebene. Die Empfänger werden in der Lage sein, Ihre Ideen, Bedürfnisse und Wünsche anhand von Worten, Körpersprache und anderen nonverbalen Hinweisen zu verstehen.

In der Unternehmenswelt ist die Kommunikation ein entscheidender Faktor für den Erfolg. Sie wertet die Dienstleistungen und Waren eines Unternehmens auf, verleiht ihm Autorität und Gehör und erleichtert das Einholen von Kundenfeedback.

Die Bedeutung der Kommunikation liegt auf der Hand, aber wir sind an einem seltsamen Scheideweg angelangt, an dem physische und digitale Interaktionen aufeinanderprallen. Um zu verstehen, wie man beide getrennt voneinander nutzen kann, ist im Allgemeinen kein hohes Maß an technischem Wissen erforderlich. Aber wie kommunizieren sie miteinander? Sind Sie ausreichend vorbereitet und ausgerüstet, um effektiv mit Menschen in Kontakt zu treten und mit ihnen zu sprechen, wenn die Grenzen zwischen beiden verschwimmen und die digitale Kommunikation einfach zur Kommunikation wird?

Wie kann man einen Bildschirm nutzen, um seine Kommunikationsfähigkeiten zu verbessern?

Jede Form der konstruktiven Kommunikation ist aus zwischenmenschlicher Sicht gut.

Im Folgenden finden Sie einige Hinweise, wie Sie Ihre Kommunikationsfähigkeiten im digitalen Zeitalter verbessern können:

1. **Nutzen Sie die sozialen Medien.** Soziale Medien gelten allgemein als der beste Weg, um Beziehungen im Internet aufzubauen oder zu vertiefen, und sie bieten eine der besten Chancen für eine erfolgreiche Kommunikation in der digitalen Welt. Soziale Medien sind ein guter Ausgangspunkt, wenn Sie Ihre digitalen Kommunikationsfähigkeiten verbessern wollen. Facebook, Twitter und LinkedIn sind die erfolgreichsten Social-Media-Sites für die berufliche Kommunikation. Facebook bietet mit Bildern, Videos, Chats und virtuellen Gruppen die umfassendste Erfahrung mit sozialen Netzwerken. Twitter ist ideal für den schnellen Austausch und die Verbindung mit Personen, die Sie vielleicht kennen oder auch nicht. LinkedIn ist das "geschäftliche Äquivalent" zu Facebook und eine wunderbare Methode, um sich innerhalb Ihrer Branche oder Ihres Berufs zu vernetzen.

1. **Nutzen Sie die Vorteile von Textnachrichten.** SMS können ein hilfreiches digitales Kommunikationsmittel sein, wenn sie richtig eingesetzt werden. Da die meisten Texte keine langen Erklärungen oder Antworten erfordern, sind SMS ideal für die Übermittlung kurzer Nachrichten. Der häufigste Fehler ist, Telefongespräche durch Textnachrichten zu ersetzen. Textnachrichten sind am Arbeitsplatz nur selten geeignet.

1. **Telefonate sind nach wie vor wichtig.** Von Zeit zu Zeit zum Telefonhörer zu greifen, ist notwendig für eine effektive Kommunikation in einem weitgehend digitalen Umfeld. Wenn man mit Menschen nur über Worte auf einem Bildschirm kommuniziert, verliert man schnell die Fähigkeit, mit ihnen in Beziehung zu treten, und wird stattdessen darauf konditioniert, nur mit Worten auf einem Bildschirm zu interagieren. Man kann gar nicht genug betonen, wie wichtig es ist, ein ausgewogenes Verhältnis zwischen digitaler und realer Kommunikation zu finden.

1. **Webconferencing eröffnet neue Möglichkeiten.** Webkonferenzen haben den Unternehmen eine Welt neuer Möglichkeiten eröffnet. Mithilfe von Tools wie ClickMeeting.com können Sie erfolgreiche Firmenbesprechungen mit Mitarbeitern, Kunden und Vorstandsmitgliedern durchführen, unabhängig davon, wo sie sich befinden. Die Nutzung von Webkonferenz-Ressourcen kann Ihnen helfen, effektiver zu kommunizieren, wenn Sie unterwegs sind oder sich nicht am Arbeitsplatz befinden.

1. **Skype, um in Kontakt zu bleiben.** Genauso wie Webkonferenzen dabei helfen können, persönliche Beziehungen aufzubauen, während man physisch von der anderen Person getrennt ist, können Skype und andere Videochats dazu beitragen, persönliche Beziehungen aufzubauen, während man physisch von der anderen Person getrennt ist. Diese digitalen Technologien sind der "persönlichen" Kommunikation am ähnlichsten. Sie können nicht nur Ihre Stimme benutzen, sondern auch die Körpersprache lesen und Emotionen zeigen, wenn Sie einen Video-Chat führen.

Kommunikation ist von entscheidender Bedeutung, unabhängig davon, wie sie durchgeführt wird. Lassen Sie nicht zu, dass unser zunehmend digitales Umfeld

Ihre Fähigkeit einschränkt, mit den Personen in Kontakt zu treten, die Sie erreichen wollen, sondern nutzen Sie es zu Ihrem Vorteil. Befolgen Sie diese fünf Punkte, um die Bedeutung der Kommunikation wirklich zu verstehen.

30 ÜBUNGEN, DIE SIE DURCHFÜHREN SOLLTEN, UM IM GESCHÄFTS- UND PRIVATLEBEN ZIELE ZU ERREICHEN

Um auf dem wettbewerbsintensiven Markt von heute bestehen zu können, müssen Berufstätige nicht nur ihren Lebenslauf auf dem neuesten Stand halten, sondern auch ständig versuchen, ihre Arbeitsleistung zu verbessern. Sie können sich nicht darauf verlassen, dass Ihr Arbeitgeber oder Ihre Unternehmensleitung Ihnen die Möglichkeit gibt, Ihre Fähigkeiten zu verbessern.

Die Arbeit ist ein wichtiger Aspekt Ihres Lebens, und die Art und Weise, wie Sie Ihren Lebensunterhalt verdienen und bei der Arbeit Leistung erbringen, sollte etwas sein, auf das Sie stolz sind. Lesen Sie weiter, um Methoden zur Steigerung Ihrer Arbeitsleistung zu erfahren, die Sie sofort in die Tat umsetzen können.

1. Stoppen Sie Multitasking und beginnen Sie sich zu konzentrieren

Mangelnde Produktivität ist einer der wichtigsten Faktoren, die die Arbeitsleistung beeinträchtigen. Sie werden in Ihrem Beruf nicht weit kommen, wenn Sie sich keine guten organisatorischen Fähigkeiten und kein gutes Zeitmanagement aneignen können.

Dank des Internets und der sozialen Medien ist es einfacher denn je, sich bei der Arbeit ablenken zu lassen und Zeit zu verschwenden. Legen Sie im Laufe des Tages kurze Pausen ein, um Ablenkungen zu vermeiden, oder verwenden Sie Anwendungen, um Websites zu blockieren, die Sie häufig stören. Mit einigen Anwendungen, wie z. B. Stay Focused, können Sie eine bestimmte Zeitspanne festlegen, die Sie auf bestimmten Websites verbringen dürfen.

2. Ziele und persönliche Maßstäbe setzen

Sich große, schwierige Ziele zu setzen ist einfach, aber sie können sich einschüchternd und unerreichbar anfühlen. Setzen Sie sich jedes Jahr ein bis drei große Ziele. Setzen Sie sich dann wöchentlich und monatlich Ziele, die Sie auf dem Weg dorthin unterstützen. Das Erreichen kleinerer Ziele, die oft als persönliche Benchmarks oder Meilensteine bezeichnet werden, hilft Ihnen, motiviert zu bleiben, während Sie auf Ihr "großes Ziel" hinarbeiten.

Wenn ein Vertriebsmitarbeiter zum Beispiel bis zum Jahresende einen Umsatz von 1 Million Dollar erzielen möchte, sollte er wöchentliche und monatliche Ziele festlegen, um dieses Ziel zu erreichen. Er sollte versuchen, jede Woche etwa 20.000 $ zu verkaufen und die Anzahl der Verkäufe berechnen, die er pro Monat abschließen muss.

3. Bestimmen Sie Ihre Stärken und Schwächen

Nehmen Sie eine Selbsteinschätzung vor, um herauszufinden, welche Talente Sie bereits haben, die Ihnen helfen können, sich in Ihrer Karriere auszuzeichnen, und wo Sie sich weiterentwickeln können. Vielleicht möchten Sie Ihren Vorgesetzten oder ein paar vertrauenswürdige Kollegen um Hilfe bitten, um eine ehrliche Bewertung vorzunehmen.

Sie könnten z. B. erfahren, dass Sie besonders innovativ sind und neue Wege finden, um Aufgaben in kürzerer Zeit mithilfe neuer Technologien zu erledigen. Vielleicht sind Sie hervorragend im Pipeline-Management, haben aber Schwierigkeiten bei Kundenverhandlungen.

Behalten Sie Ihre Leistungen und Stärken im Auge. Bewerten Sie regelmäßig Ihre Arbeitsleistung, indem Sie Ihre Leistungen auflisten. Bringen Sie Ihre Liste zu Ihrer jährlichen Leistungsbeurteilung mit und erläutern Sie Ihrem Vorgesetzten Ihre Fortschritte, um sich selbst zu profilieren. Er könnte Ihr Potenzial erkennen und Sie je nach Ihren Arbeitsergebnissen befördern.

4. Freiwillig mehr tun

Melden Sie sich freiwillig für die Aufgaben, die andere nicht erledigen wollen. Dieses schreckliche Riesenprojekt? Melden Sie sich freiwillig und arbeiten Sie mit Ihren Teamkollegen zusammen, um hervorragende Ergebnisse zu erzielen. Auf diese Weise verbessern Sie Ihre Fähigkeiten und lernen neue dazu.

Auch wenn Sie keine direkten Untergebenen haben, können Sie Ihr Ziel erreichen, indem Sie anbieten, neue Mitarbeiter oder Mitarbeiter mit Schwierigkeiten zu coachen. Bieten Sie sich als interner Experte an und schulen Sie Ihre Kollegen, wenn Ihre Abteilung ein neues Softwarepaket testet.

5. Förderung einer gesunden Work-Life-Balance

Um bei der Arbeit Ihr Bestes zu geben, müssen Sie ein gesundes Gleichgewicht zwischen Arbeit und Privatleben finden. Auch wenn Sie versuchen, Ihre Arbeitsleistung zu steigern, muss die Arbeit nicht Ihr ganzes Leben in Anspruch nehmen.

Sie können einem Burnout vorbeugen, indem Sie sich auch außerhalb der Arbeit engagieren und ausreichend Schlaf bekommen. Halten Sie Ihr Stressniveau in Schach, indem Sie sich außerhalb der Arbeit mit Aktivitäten zur Selbstverbesserung beschäftigen, wie Meditation, Sport und gesellige Zusammenkünfte.

Sie könnten auch entdecken, dass Ihre Hobbys und Interessen Ihnen bei Ihrer beruflichen Entwicklung helfen. Führungsqualitäten, Verhandlungsgeschick, Zeitmanagement und Teamarbeit sind alles Fähigkeiten, die sich leicht auf den Arbeitsplatz übertragen lassen, wenn Sie an einer Teamaktivität teilnehmen.

6. Klare Kommunikation praktizieren

Wenn es darum geht, Ihre berufliche Leistung zu optimieren, ist Kommunikation entscheidend. Zögern Sie nicht, um Klarheit zu bitten, wenn Sie nicht sicher sind, was von Ihnen erwartet wird. Die effektivsten Führungskräfte in Unternehmen sind von Natur aus neugierig und suchen nach neuen Lösungen für Herausforderungen.

7. Vermeiden Sie Müßiggang, Drama und Klatsch

Es mag zwar verlockend sein, sich mit Kollegen zu unterhalten und sich über die neuesten Nachrichten zu informieren, aber wenn Sie dies zu häufig tun, kann sich dies nachteilig auf Ihre Arbeitsleistung auswirken.

Es ist wichtig, Beziehungen zu den Menschen aufzubauen, mit denen Sie zusammenarbeiten. Seien Sie also am Leben Ihrer Kollegen interessiert, aber vermeiden Sie Drama und Klatsch. Das kann nicht nur Ihre Produktivität und Aufmerksamkeit beeinflussen, sondern auch, wie andere Sie sehen.

8. Früh kommen und vorbereitet sein

Da es in den meisten Unternehmen deutlich ruhiger zugeht, bevor der offizielle Arbeitstag beginnt, kann ein frühes Erscheinen ein wunderbarer Ansatz sein, um produktiver zu sein und die Leistung zu steigern. Wenn es im Büro ruhig ist, gibt es weniger Ablenkungen oder Versuchungen, so dass Sie sich auf eine oder zwei Aufgaben konzentrieren können.

Es ist erstaunlich, wie viel erfolgreicher man sich fühlt, wenn man eine Stunde früher kommt und bereits an seiner Aufgabenliste arbeitet, während der Rest der Gruppe sich noch hinsetzt und Kaffee kocht.

9. Erstellen Sie einen Zeitplan und machen Sie Pausen

Die Erstellung eines Zeitplans, der für Sie passt, ist eine weitere Methode, um Ihre Arbeitsleistung zu steigern. Es kann einen großen Unterschied machen, wie produktiv Sie sind, wenn Sie frei entscheiden können, wann Sie Ihre Arbeit beenden und Sitzungen planen.

Erstellen Sie einen Zeitplan für Ihren Tag. Erstellen Sie am Ende eines jeden Arbeitstages einen Tagesplan und eine Aufgabenliste für den nächsten Tag, oder machen Sie das gleich morgens. Sie können sogar Zeit in Ihrem Kalender einplanen, damit Sie nicht den Überblick verlieren.

Überlegen Sie, welche Aktivitäten Sie vorrangig erledigen müssen, welche wöchentlichen Aufgaben Sie unbedingt erledigen müssen und wie viel Energie Sie im Laufe des Tages haben, um Entscheidungen treffen zu können. Wenn Sie sich auf die Erstellung von Berichten konzentrieren müssen, sollten Sie dies gleich am Morgen tun, damit Sie am Nachmittag nicht in ein Loch fallen. Der Freitagnachmittag ist ideal für kreative Tätigkeiten.

Achten Sie darauf, dass Sie in Ihrem Plan Zeit für Pausen oder weniger anstrengende Aktivitäten einplanen. Jeder Mensch braucht Ruhe, und wenn Sie diese Pausen einlegen, können Sie effizienter arbeiten. Legen Sie über den Tag verteilt viele kurze Pausen ein, um Ihre Gedanken zu erneuern, als Belohnung für erledigte Aufgaben.

10. Prioritäten Wichtige Aufgaben

Selbst wenn die Arbeit wichtig ist, neigen wir dazu, unsere ungeliebten Aufgaben bis zur letzten Minute aufzuschieben. Erledigen Sie die wichtigsten Aufgaben zuerst, damit Sie sich hinterher nicht darum kümmern müssen. Sobald Sie die erste Aufgabe erledigt haben, können Sie mit der nächsten weitermachen oder sich mit einer Pause belohnen.

Indem Sie wichtigen oder hochwertigen Aufgaben den Vorrang geben, zeigen Sie Ihrem Arbeitgeber und Ihren Kollegen, dass man sich auf Sie verlassen kann, wenn es um die Einhaltung von Fristen geht - selbst wenn es sich um eine Aufgabe handelt, die Sie nicht besonders lieben.

11. Bewahren Sie Ihre Zeit

Wenn Sie in einem Team oder Büro arbeiten, sind Sie ständig für andere da, die Sie um Hilfe bitten oder mit Ihnen diskutieren möchten. Das kann manchmal eine angenehme Abwechslung sein, aber es lenkt von Ihrer Arbeit ab und kann Ihre Leistung beeinträchtigen.

Vermeiden Sie Ablenkungen und gehen Sie mit Unterbrechungen um, z. B. mit der Bitte um eine "kurze Besprechung" oder um "Nachholbedarf" bei einem Projekt. Klären Sie beim nächsten Mal, ob das Problem nicht per E-Mail oder zu einem späteren Zeitpunkt gelöst werden kann. Haben Sie kein schlechtes Gewissen, wenn Sie Anfragen ablehnen, die Ihnen nicht helfen, Ihre Ziele zu erreichen.

12. Stapelverarbeitungsaufgaben

Wir alle haben die gleiche Anzahl von Stunden am Tag, aber die Gruppierung (oder Bündelung) vergleichbarer Aktivitäten ist ein Ansatz, um sie optimal zu nutzen. Legen Sie feste Zeiten fest, zu denen Sie Ihre E-Mails abrufen, anstatt sie den ganzen Tag über zu überwachen. Sie werden feststellen, dass Sie sie schneller abarbeiten, weniger abhängig von Ihrem Posteingang werden und wichtige Zeit für andere Aktivitäten gewinnen.

Diese Arbeitsmethode kann für praktisch jede Aufgabe oder Tätigkeit verwendet werden, die Sie täglich oder wöchentlich erledigen, z. B. E-Mails, Telefonate mit Kunden, Analyseberichte, Dateneingabe, Besprechungen mit direkten Mitarbeitern usw.

13. Beenden Sie eine Aufgabe, bevor Sie eine andere beginnen

Das Wechseln von Aufgaben ist eine der einfachsten Möglichkeiten, tagsüber Zeit zu verschwenden. Es ist verlockend, von einer Aktivität zur nächsten zu wechseln, aber dabei verlieren Sie an Schwung und Aufmerksamkeit.

Lassen Sie sich nicht dazu verleiten, eine andere Tätigkeit anzufangen, bevor Sie nicht diejenige abgeschlossen haben, an der Sie gerade arbeiten. Das kann schwierig sein, wenn die Aufgabe, an der Sie gerade arbeiten, nichts ist, was Sie gerne tun, aber bleiben Sie konzentriert und beenden Sie sie. Sie werden sich erfüllt fühlen, die Aufgabe von Ihrer Liste abhaken können und bereit sein, sich dem nächsten Ziel zuzuwenden.

14. Weiter lernen

Sich für Ihr persönliches berufliches Wachstum zu engagieren, ist eine fantastische Strategie, um Ihre Arbeitsleistung zu steigern. Sie werden die Früchte ernten, wenn Sie sich dafür interessieren, so viel wie möglich über Ihre Arbeit, Ihre Branche, Ihr Unternehmen und Dinge, die Sie interessieren, zu lernen.

Kontinuierliches Lernen hilft Ihnen nicht nur, neue Fähigkeiten zu erwerben oder alte zu verbessern, sondern auch, einen Wissensschatz aufzubauen, den Sie in Ihrer jetzigen oder zukünftigen Position nutzen können. Wenn Sie zum Beispiel über Produktivität lesen, können Sie vielleicht ein ineffizientes Verfahren bei der Arbeit erkennen und es verbessern, was Ihnen und anderen viel Zeit spart.

15. Ablenkungen und Unterbrechungen ausschließen

Lassen Sie sich leicht von Ihrer Umgebung ablenken? Wenn dies der Fall ist, kann die Beseitigung von Ablenkungen in Ihrem Arbeitsumfeld Ihre Produktivität und Leistung erheblich verbessern.

Beginnen Sie damit, Ihre unmittelbare Umgebung zu beobachten. Entfernen Sie alles von Ihrem Schreibtisch, was für die Aufgabe, an der Sie gerade arbeiten, nicht notwendig ist, und begrenzen Sie die Menge an Unordnung, die Sie sehen können. Wenden Sie dieselben Ideen auf Ihr digitales Leben an: Schließen Sie Anwendungen und Programme, die Sie nicht benötigen, halten Sie Ihren Desktop sauber und widerstehen Sie dem Drang, E-Mail- oder Instant-Messaging-Benachrichtigungen zu überprüfen.

16. Aufgaben delegieren

Wenn Sie die Möglichkeit haben, einen Teil Ihrer Arbeit an einen Kollegen zu delegieren, machen Sie davon Gebrauch. Manchmal kann eine Arbeit von mehr als einer Person erledigt werden, und Delegieren bedeutet einfach, sie an die entsprechende Person weiterzugeben. Könnte zum Beispiel jemand die Daten, die Sie für einen Bericht benötigen, ausfindig machen, so dass sie zur Verfügung stehen, wenn Sie den Bericht vorbereiten und abgeben müssen?

Durch das Delegieren von Aufgaben werden nicht nur Dinge von Ihrer To-Do-Liste gestrichen, sondern es zeigt auch, dass Sie in der Lage sind, Aufgaben effizient zu leiten und zu verwalten.

17. Beginnen Sie Ihren Tag produktiv

Wir haben bereits darüber gesprochen, dass Sie als Erster im Büro sind und dadurch bessere Leistungen erbringen können, aber wie Sie den Tag beginnen, ist genauso wichtig.

Im Idealfall beginnen Sie den Tag früh und organisieren Ihren Tag im Voraus. Wenn Sie dann morgens zur Arbeit kommen, stellen Sie sicher, dass auf Ihrem Schreibtisch alles bereit liegt, was Sie brauchen, bevor Sie mit der wichtigsten oder wertvollsten Aufgabe beginnen.

18. Feste Zeiten für Besprechungen und Emails

Posteingänge können zu erheblichen Produktivitätsverlusten im Büro führen. Es mag verlockend sein, häufig hineinzuschauen und E-Mails zu lesen, sobald sie eintreffen, auch wenn wir keine Zeit haben, sie zu beantworten oder zu bearbeiten.

Legen Sie über den Tag verteilt feste Intervalle fest, in denen Sie Ihre E-Mails abrufen, um dies zu verringern und einen Teil der verlorenen Zeit zurückzugewinnen. Vielleicht sollten Sie zuerst mit Ihrem Vorgesetzten sprechen, aber sobald sich das Team an das Konzept gewöhnt hat, wird es die Vorteile schnell erkennen und es selbst ausprobieren.

19. Ineffiziente Arbeitsweisen ändern

Gibt es Verfahren, bei denen Sie sich träge fühlen? Wenn das der Fall ist, sollten Sie überlegen, wie Sie sie ändern oder eine Überprüfung durch die Verwaltung beantragen können.

Wir alle wollen unser Bestes geben, und gelegentlich sind sich andere nicht bewusst, dass eine Methode oder ein Arbeitsstil zum Nutzen aller Beteiligten verbessert werden kann. Die Kommunikation innerhalb der Organisation, die Beschaffung von Produkten und Dienstleistungen und die Erstellung von Projektangeboten sind alles Beispiele für Prozesse, die verbessert werden können.

20. Fragen Sie sich: "Ist das notwendig?"

Es ist leicht, zu jeder Anfrage, die bei der Arbeit auf einen zukommt, ja zu sagen, auch wenn man es nicht gewohnt ist, damit umzugehen. Wenn Sie auf ein Ziel hinarbeiten, sollten Sie sich nur auf das konzentrieren, was zum Erreichen Ihrer Ziele notwendig ist.

Wenn ein Kollege Sie um Hilfe bittet oder jemand versucht, einen weiteren Punkt auf Ihre Aufgabenliste zu setzen, überlegen Sie, ob dies notwendig ist. Wenn es nicht kritisch ist, sollte jemand anderes daran arbeiten dürfen, oder es kann zu einem späteren Zeitpunkt in Betracht gezogen werden. Wenn es sich um eine kritische Aufgabe handelt, ist es vielleicht an der Zeit, eine bereits bestehende Tätigkeit zu delegieren oder Ihren Kalender umzugestalten, um Platz dafür zu schaffen.

21. Gesund bleiben

Was wir außerhalb der Arbeit tun, hat einen ebenso großen Einfluss auf unsere Leistung wie das, was wir bei der Arbeit tun. Achten Sie auf Ihre Gesundheit, treiben Sie Sport und schlafen Sie ausreichend, damit Sie den Tag erfrischt und voller Energie beginnen können.

Wenn Ihr Zeitplan es erfordert, dass Sie früh zur Arbeit kommen, prüfen Sie, ob Sie in Ihrer Mittagspause eine Übung einschieben können, oder gehen Sie früher zu Bett, damit Sie genügend Schlaf bekommen.

Wenn Sie ausreichend schlafen, regelmäßig Sport treiben und die Arbeit am Arbeitsplatz lassen, wenn Sie nach Hause gehen, werden Sie bei der Arbeit mehr Energie haben und in der Lage sein, kontinuierlich Ihre beste Leistung zu erbringen.

22. Arbeiten Sie mit Ihrem Energielevel

Jeden Tag gibt es Zeiten, in denen wir wacher, aufmerksamer und konzentrierter sind als in anderen. Manchen Menschen fällt es vielleicht leichter, sich gleich morgens zu konzentrieren. Andere erreichen ihr höchstes Energielevel später am Tag.

Planen Sie Ihren Tag und Ihre Aktivitäten entsprechend Ihrem Energielevel, um möglichst produktiv zu sein. Wenn Sie wissen, wann Sie am konzentriertesten sind und wann Sie sich entspannen sollten, können Sie bestimmen, wann Sie an bestimmten Projekten oder Hobbys arbeiten sollten.

23. Verstehen Sie Ihre Grenzen

Es ist wichtig zu erkennen, dass jeder von uns seine eigenen Grenzen hat, wenn es um unser Arbeitspensum geht, und auch sein eigenes Energieniveau zu kennen.

Wenn Sie anfangen, sich träge zu fühlen, sich ablenken zu lassen oder aufzuschieben, nähern Sie sich Ihrem persönlichen Limit. Erkennen Sie Ihre Reaktionen und legen Sie eine Pause ein, um ein Burnout zu vermeiden. Wechseln Sie eine Zeit lang zu einer weniger anstrengenden Tätigkeit, wenn eine Aufgabe schwierig ist oder Sie keine Energie mehr haben. Kehren Sie zur ursprünglichen Aufgabe zurück und erledigen Sie sie, nachdem Sie Ihre Gedanken wiedergefunden haben.

24. Vertrauen Sie auf Ihre Fähigkeiten und Intuition

Gelegentlich nehmen Sie ein Projekt oder ein Hobby in Angriff, das Sie aus Ihrer Komfortzone herausführt. In solchen Momenten kann man leicht an sich selbst zweifeln und an seiner Strategie, seinem Vorgehen und seinen Talenten zweifeln.

Vermeiden Sie es, an sich selbst zu zweifeln, und vertrauen Sie auf Ihre Instinkte und Ihr Fachwissen. Zweifel und Ängste können Ihre Leistung beeinträchtigen. Konzentrieren Sie sich stattdessen auf Ihre Leistungen und Ihr Fachwissen, und suchen Sie gegebenenfalls Hilfe.

25. Erstellen Sie einen persönlichen Entwicklungsplan

Haben Sie eine Karrierestrategie? Ein klarer Orientierungssinn kann Ihnen dabei helfen, Ihre Projektziele zu erreichen und Ihre Arbeitsleistung zu verbessern. Überlegen Sie sich Ihre eigenen Ziele sowie Ihre Stärken und Schwächen in der Vergangenheit und überlegen Sie, wie Sie vorgehen könnten.

Wenn Sie herausgefunden haben, in welchen Bereichen Sie sich weiterentwickeln können, erstellen Sie einen persönlichen Entwicklungsplan. Erkundigen Sie sich bei Ihrem Vorgesetzten nach einem Budget für die berufliche Entwicklung, damit Sie einen Kurs besuchen oder an Fortbildungsmaßnahmen teilnehmen können, die darauf abzielen, Ihre vorhandenen Fähigkeiten zu verbessern und neue zu erlernen. Sie können sich auch nach Möglichkeiten erkundigen, einen größeren Beitrag zur Entwicklung des Unternehmens zu leisten. So kommen Sie nicht nur Ihrem Ziel näher, sondern sehen auch noch fantastisch aus, weil Sie Verantwortung übernehmen.

26. Netzwerk

Wir überlegen häufig, wie wir unsere Leistung innerhalb unserer Teams oder Unternehmen verbessern können, aber Sie können sich auch auf Ihr persönliches Wachstum innerhalb Ihres größeren Netzwerks konzentrieren.

Nutzen Sie die Chance, sich mit Personen aus anderen Unternehmen zu vernetzen, sowohl in vergleichbaren als auch in anderen Branchen, sowohl online als auch offline. Es ist immer von Vorteil, die richtigen Leute zu kennen, und man weiß nie, wo man seinen nächsten Kumpel, Geschäftspartner oder neuen Mitarbeiter treffen wird.

27. Realistisch sein

Die Einsicht, dass niemand fehlerfrei ist, ist einer der Schlüssel zu effizientem und erfolgreichem Arbeiten. Wir alle haben Tage, an denen wir nicht so motiviert sind, unser Selbstvertrauen verlieren oder nicht so gut arbeiten, wie wir sollten.

Wenn Sie dies realistisch einschätzen, lassen Sie sich von Produktivitätseinbußen nicht so leicht beeinflussen. Sie werden auch mehr Verständnis für diejenigen aufbringen, die einen schlechten Tag haben oder nicht ihre beste Leistung bringen, was den Teamgeist und die Beziehungen verbessern kann.

28. Visualisieren Sie Ihr Ziel

Es könnte von Vorteil sein, ein Ziel vor Augen zu haben, wenn Sie über Ihre langfristigen Ambitionen nachdenken. Nehmen Sie sich etwas Zeit, um Ihre Ziele zu visualisieren, und überlegen Sie, wo Sie in fünf oder mehr Jahren sein wollen.

Wenn Sie Ihre berufliche Laufbahn in einem größeren Zusammenhang sehen, fällt es Ihnen vielleicht leichter, Entscheidungen zu treffen. Wenn Sie ein klares Ziel vor Augen haben, können Sie entscheiden, ob Sie sich freiwillig für ein bestimmtes Projekt engagieren oder mehr Zeit für das Lesen und Studieren eines bestimmten Themas aufwenden wollen.

29. Beschatten Sie einen Kollegen oder versuchen Sie es mit einer Abordnung

Wir könnten uns in unseren eigenen Gewohnheiten verfangen und es schwierig finden, innovativ zu sein oder uns zu konzentrieren. Wenn Sie auf der Suche nach neuen Erfahrungen sind, können Sie einen Mitarbeiter beobachten. Sie können auch prüfen, ob eine Abordnung oder ein vorübergehender Wechsel in eine andere Abteilung eine Option ist.

So können Sie sich neue Fähigkeiten aneignen, Partnerschaften mit verschiedenen Teams aufbauen und sich als jemand positionieren, der bereit ist, sein Wissen zu erweitern. Sie werden auch übertragbare Fähigkeiten erlernen, die Sie in Ihrer derzeitigen Position nutzen können. Dies ist besonders nützlich, wenn Sie eine verantwortungsvollere Position anstreben oder eine Beförderung beantragen möchten.

30. Sich selbst zur Verantwortung ziehen

Sich Ziele zu setzen und sich selbst Versprechen zu geben, ist eine Sache. Teammitglieder, die sich gegenseitig an einem öffentlichen Ort Versprechen geben, werden dagegen ihre Ziele viel eher erreichen.

Viele Unternehmen haben Leistungsmanagementsysteme zur Bewertung der Mitarbeiterleistung eingesetzt. Da Ihr Team in der Lage ist, Ihre Zielvorgaben zu sehen und zu erkennen, wie Sie diese erreichen, kann diese Art von Software Ihnen helfen, die Verantwortung zu behalten. Sie können auch ihre Entwicklung verfolgen, so dass Sie sie zur Verantwortung ziehen und ihnen zu ihren Leistungen gratulieren können.

Wenn Sie sich gemeinsam mit anderen an der Festlegung und Verfolgung von Zielen beteiligen, können Sie Ihre Verantwortung wahrnehmen und Ihre Leistung verbessern. Diese Verantwortlichkeit kann Ihnen helfen, motiviert zu bleiben und letztendlich Ihre Arbeitsleistung zu verbessern, unabhängig davon, ob Sie Ihre Ziele und Fortschritte mit Hilfe von Tools und Software oder an einem Whiteboard am Arbeitsplatz überwachen.

GEHEIMTIPPS, DIE SIE FÜR IHREN SOZIALEN EINFLUSS KENNEN SOLLTEN

Dank der sozialen Medien haben wir alle schon von "Influencern" gehört. Diese Art der Überzeugung hat keine Ähnlichkeit mit erfolgreichem Einfluss am Arbeitsplatz. Man bekommt ein Gefühl für sinnvollen Einfluss, wenn man versteht, wie es ist, von Menschen inspiriert zu werden, die einen bedeutenden Einfluss auf das eigene Leben hatten.

Diese vier wichtigen Eigenschaften machen jemanden zu einer einflussreichen Person:

- **Sie sind entschlossen.** Ob jemand zielstrebig ist, erkennt man daran, wie gut er in seinem Beruf und Privatleben vorbereitet ist. Sie nutzen eine effektive Zeitplanung und eine langfristige Perspektive, um Prioritäten zu setzen, was im Laufe des Tages erledigt werden muss. Außerdem wählen sie ihre Worte sorgfältig aus, denn wenn es darum geht, andere zu beeinflussen, sind Worte wichtig.

Sie studieren für ihre Präsentationen und arbeiten mit anderen zusammen, um in jeder Situation ihre beste Leistung zu erbringen. Und sie tun dies konsequent, indem sie diese Maßnahmen täglich in die Praxis umsetzen.

- **Sie verbinden sich.** Wenn Sie den Bereich einer mächtigen Person betreten, werden Sie automatisch einbezogen. Manchmal werden Ihnen Fragen gestellt, manchmal wird Ihnen Feedback gegeben, alles in dem Bemühen, Sie in den Kreislauf des Vertrauens einzubeziehen.

Diese Verbindung dient als Erinnerung daran, dass sie zwar die Führung übernehmen, dies aber nicht allein tun. Aus diesem Grund sind Sie eher geneigt, mit ihnen zusammenzuarbeiten und sich für die Möglichkeiten zu begeistern, die Sie gemeinsam erreichen können.

- **Sie sind widerstandsfähig.** Der starke Mensch weiß, dass die Dinge nicht immer nach Plan laufen. Wenn das Unerwartete eintritt, sind sie bereit, sich einzubringen und kreative Methoden zu entwickeln, um das Problem zu lösen. Sie sind auch bereit, diesen neuen Plan mit dem Rest ihres Teams zu teilen.

Man erkennt sie daran, dass sie sich langfristig engagieren, wenn sie kalkulierte Risiken eingehen und offenlegen, womit sie es zu tun haben. Die Schwierigkeiten sind nicht lähmend, sondern bieten der einflussreichen Person die Gelegenheit, umzudenken, neu zu starten und eine neue Strategie zu entwickeln.

- **Sie sind lebenslang Lernende.** Wenn Sie sich in der Gegenwart von jemandem mit Macht befinden, sind Sie sich bewusst, dass diese Person immer einen Schritt voraus ist, weil sie sich entscheidet, sich zu entwickeln und zu lernen. Sie sagen Ihnen nie, dass sie gekommen sind, weil sie wissen, dass es hinter der nächsten Kurve etwas Interessantes gibt, das Ihre Aufmerksamkeit erregen wird.

- Dieses Bedürfnis, mehr zu lernen, treibt Sie dazu an, sich für den nächsten Kurs anzumelden, lange aufzubleiben, um ein Programm zu beherrschen, oder ein tolles Buch über Ihre Branche zu lesen. Wenn Sie die Auswirkungen des Lernens mit dem Ziel des Lernens beobachten, werden Sie von der Begeisterung dieser Menschen mitgerissen.

Der ultimative Leitfaden zur Steigerung Ihres Einflusses am Arbeitsplatz (oder anderswo)

Jetzt sind Sie dran. Wenn Sie bereit sind, Ihre Wirkung zu verstärken, befolgen Sie diese acht Schritte, um die Art und Weise zu verändern, wie Sie mit Ihren Mitarbeitern, direkten Untergebenen, Vorgesetzten und allen anderen Personen in Ihrem Leben umgehen.

1. **Hören Sie ohne Unterbrechung zu.** Wenn es darum geht, richtig

zuzuhören, kommt es auf Ihre geistige Verfassung an. Sie sind da, wenn Sie zuhören. Hören Sie zu, was der andere sagt, und nicht, was Sie sagen wollen. Die andere Person schlägt Ihnen sogar vor, die letzte Aussage oder einen Teil davon zu wiederholen. Da die andere Person sich gehört fühlt, weil Sie zuhören, trägt diese Wiederholung zum Aufbau einer Beziehung bei.

Um Ihr Verständnis zu bestätigen und zu zeigen, dass es Ihnen wichtig ist, zu verstehen, sagen Sie etwas wie: "Ich habe Sie sagen hören...". So wissen Sie sofort, ob es ein Missverständnis gibt, und können um eine Klarstellung bitten. Wirklich zugehört zu werden ist so ungewöhnlich, dass dies Ihren Einfluss auf die Person, der Sie zuhören, erhöhen wird.

1. **Handeln Sie mit Integrität.** Sie sind mit Ihrem gesamten Selbst verbunden und kohärent, wenn Ihr Verhalten von einem Grundwert der Integrität ausgeht. Integrität kommt von dem lateinischen Wort "integer", was "ganz und vollständig" bedeutet. Mit Integrität zu handeln bedeutet, dass Sie sich selbst mitnehmen, wo immer Sie hingehen: bei der Arbeit, zu Hause, in der Schlange im Supermarkt. Sie sind sich bewusst, dass Ihre Handlungen einen Einfluss auf die Menschen um Sie herum haben.

Außerdem sind Sie dieselbe Person, die in jeder Situation identifizierbar ist. Integrität bedeutet auch, dass Ihre Ideale, Ihr Verhalten und Ihre Aussagen unabhängig von der Situation konsistent sind.

1. **Tun Sie, was Sie versprechen.** Wenn Sie wollen, dass sich andere auf Sie verlassen können, halten Sie Ihre Versprechen. Wenn Sie sagen, dass Sie bis morgen um 9 Uhr antworten werden, stellen Sie sicher, dass die E-Mail bis dahin vorliegt. Wenn Sie aus irgendeinem Grund nicht in der Lage sind, die Aufgabe zu erledigen, teilen Sie mit, dass Sie daran arbeiten und wann Sie wieder in der Lage sein werden, zu antworten. Sie werden zu einer vertrauenswürdigen Person, wenn die

Leute sehen, dass Sie verlässlich sind.

1. **Geben Sie anderen eine Stimme.** Auch wenn Sie selbst gerne Ihre Gedanken äußern würden, atmen Sie durch und bitten Sie jemand anderen, Sie vorzustellen oder einen Vorschlag zu machen. Wenn Sie sich sicher sind, dass Ihre Gesprächspartner gehört und verstanden werden, können sie sagen, was sie wollen. Indem Sie den Menschen diese Chance geben, stärken Sie sie und geben ihnen das Gefühl, an dem Prozess beteiligt zu sein.

1. **Achten Sie auf sich selbst.** Kümmern Sie sich regelmäßig um sich selbst, wenn Sie präsent sein und ein Vorbild für andere sein wollen. Dazu gehört auch die geistige, emotionale und spirituelle Gesundheit. Bewegen Sie sich ausreichend und essen Sie gesund? Wie wäre es, wenn Sie lernen, Ihre Gefühle zu kontrollieren? An wen wenden Sie sich, wenn Sie ein Gespräch brauchen? Nehmen Sie sich Zeit, um achtsam zu sein und über Ihr Handeln nachzudenken? Wenn Ihre Grundbedürfnisse befriedigt sind, ist es viel wahrscheinlicher, dass Sie die Bedürfnisse der Menschen um Sie herum wahrnehmen.

1. **Seien Sie mit Ihren Fähigkeiten relevant.** Um einflussreich zu sein, müssen Sie mit den neuesten Fortschritten in Ihrem Bereich Schritt halten. Wenn es an der Zeit ist, Anpassungen vorzunehmen, sind Sie bereit, bei Bedarf umzuschwenken. Sie sind sich auch des Wandels bewusst und bereit, ihn zu begrüßen.

In der heutigen Geschäftswelt ist es kein Erfolgsrezept, sich daran zu halten, "wie die Dinge gemacht werden" oder "ich weiß es am besten". Indem Sie die Trends und Prognosen im Auge behalten, können Sie das, was Sie bereits wissen und wissen müssen, anpassen und verstärken. Sie kennen die Strategien, die Ihrem Unternehmen helfen können, zu wachsen und wettbewerbsfähiger zu werden.

1. **Konzentrieren Sie sich auf das, was zählt.** Als einflussreiche Person heben Sie sich von anderen ab, indem Sie sich von kleinen Sorgen

und Rivalitäten fernhalten. Das liegt daran, dass Sie mehr daran interessiert sind, zu verstehen, was andere motiviert, damit sie besser und effizienter arbeiten können. Sie koordinieren strategische Maßnahmen, die Ihr Team auf die nächste Stufe heben, und Sie erfüllen Ihre Aufgabe nach den höchstmöglichen Standards.

1. **Lassen Sie sich auf andere ein.** Wenn Sie möchten, dass sich andere für Ihre Ziele interessieren, werden Sie alles tun, um mit ihnen auf echte und sinnvolle Weise in Kontakt zu treten. Auf jeder Ebene kennen Sie die Namen und Gewohnheiten der Menschen, mit denen Sie zu tun haben, und Sie finden heraus, wie Sie das Beste aus ihnen herausholen können. Sie arbeiten gemeinsam daran, Hürden zu überwinden und Siege zu feiern. Sie sind offen genug, dass die Menschen in Ihrer Umgebung das Gefühl haben, Sie ebenfalls zu kennen.

1. **Stellen Sie viele Fragen.** Nicht nur, weil jeder gehört werden will. Sorgfältige Fragen helfen Ihnen dabei, herauszufinden, was der Einzelne wirklich will, was häufig nicht mit dem übereinstimmt, was er vorgibt zu wollen. Außerdem erfahren Sie so, welche Dienstleistungen sie anbieten.

1. **Stellen Sie eine Verbindung von Mensch zu Mensch her.** Suchen Sie nach Möglichkeiten der Kontaktaufnahme, die nichts mit Ihrem aktuellen Projekt zu tun haben. Vielleicht hat er Kinder im gleichen Alter wie Sie, oder er wohnt an einem Ort, an dem Sie Urlaub gemacht haben, oder Sie haben die gleichen Interessen. Selbst wenn nichts davon zutrifft, können Sie aufgrund gemeinsamer Erfahrungen Parallelen ziehen. Zum Beispiel erlebt ein großer Teil der Vereinigten Staaten gerade ein schweres Winterwetter.

1. **Lassen Sie Ihren eigenen Schutz fallen.** Es ist nie einfach zu entscheiden, wie viel man in einem beruflichen Umfeld von seinem Privatleben preisgeben sollte. Viele Menschen gehen auf Nummer sicher und geben nur wenige oder gar keine persönlichen

Informationen preis. Wählen Sie stattdessen aus, welche Informationen Sie mit anderen teilen möchten, und geben Sie ihnen dann ein paar Einzelheiten bekannt. So fühlen sich die anderen sicherer und können ihre Menschlichkeit zum Ausdruck bringen.

1. **Verpassen Sie nie eine Gelegenheit, sich zu bedanken.** Denken Sie daran, wer Ihnen geholfen oder sich für Sie eingesetzt hat, und bedanken Sie sich bei ihm. Das erhöht die Wahrscheinlichkeit, dass er sich beim nächsten Mal wieder für Sie einsetzt.

1. **Verpassen Sie nie eine Gelegenheit, Lob auszusprechen.** Die meisten von uns erhalten nie genug Anerkennung für die Arbeit, die wir leisten. Wenn Sie also jemanden beeinflussen wollen, weisen Sie darauf hin, was er oder sie erfolgreich getan hat und wie dies Ihrer Organisation oder Ihrem Wohlbefinden zugute gekommen ist. Wenn Sie können, tun Sie es vor anderen.

1. **Verpassen Sie nie eine Gelegenheit, sich zu entschuldigen.** Überwinden Sie Ihre Abneigung, sich zu entschuldigen. Eine Entschuldigung ist eine der wirksamsten Waffen, mit denen Sie die Unterstützung anderer gewinnen können. Wenn Sie eine Entscheidung getroffen haben, die jemandem Unannehmlichkeiten bereitet oder ihn verärgert hat, zeigt eine Entschuldigung, dass Sie sich Gedanken machen. Das gilt selbst dann, wenn Sie nicht die Entscheidung an sich bedauern, sondern nur den Schaden, den sie der Person zugefügt hat.

1. **Ein Wort der Warnung:** Entschuldigen Sie sich niemals, machen Sie keine Komplimente und danken Sie niemandem, bevor Sie es nicht wirklich ernst meinen. Wenn Sie sich verstellen, werden andere das bemerken, und es wird nach hinten losgehen.

1. **Bemühen Sie sich, den Menschen zu geben, was sie wollen.** Das ist natürlich nicht immer möglich. Wenn Sie jedoch herausfinden können, was andere wirklich wollen oder brauchen, und dafür sorgen,

dass sie es bekommen, werden sie viel eher bereit sein, Ihnen das zu geben, was Sie brauchen.

1. **Lassen Sie die Leute ihr Gesicht wahren.** Sie können erkennen, wann jemand in einem Job, den er haben möchte, katastrophale Leistungen erbringen würde. Ist es angemessen, dies zu sagen? Tun Sie es nicht, es sei denn, Sie üben Kritik an ihm oder ihr in der Hoffnung, ihn oder sie anschließend zu qualifizieren. Sie sollten einen angenehmeren Weg finden, diese Person zu entlassen. Sie haben zum Beispiel die Arbeit bereits an jemand anderen vergeben.

1. **Nehmen Sie den Hörer ab.** Ist Ihnen aufgefallen, dass Sie weniger Anrufe erhalten und tätigen als früher? Ich kommuniziere über E-Mail, SMS und soziale Medien. Es gibt jedoch Gelegenheiten, bei denen ein Telefonanruf oder ein persönliches Gespräch von entscheidender Bedeutung ist. Wenn Sie schlechte Nachrichten zu überbringen haben, ist das eine dieser Gelegenheiten. Ein anderer Fall ist, wenn Sie jemanden bitten, mehr Verantwortung oder eine größere Rolle zu übernehmen.

Sie können alle Anfragen beantworten oder sich in Echtzeit anhören, was die Person am Telefon zu sagen hat. Sie haben sich Zeit von Ihren anderen Verpflichtungen genommen, um mit der betreffenden Person zu sprechen. Das zeigt ihm oder ihr, dass es Ihnen ernst ist mit dem, was Sie verlangen. Es ist auch eine gute Methode, um ihn oder sie dazu zu bringen, sich zu kümmern.

Sie werden keine Millionen von Anhängern gewinnen, wenn Sie mit gutem Beispiel und Überzeugung vorangehen. Es kann jedoch längerfristige Auswirkungen auf den Arbeitsplatz haben, indem es die Entscheidungen, die Ausrichtung und die Kultur der Organisation beeinflusst und Engagement und Loyalität gewinnt.

Sie haben vielleicht keine Ahnung, dass das, was Sie tun, eine Auswirkung auf jemand anderen hat, während Sie an Einfluss gewinnen. Weil es das ist, was Sie tun und wer Sie sind, könnten Sie akribisch sein, Kritik üben, einen

Mitarbeiter ermutigen oder eine schwierige Aufgabe bewältigen. Wenn niemand hinsieht, entwickelt sich Ihre Persönlichkeit. Erst im Nachhinein verstehen Sie, dass Sie sich tatsächlich mit der Bedeutung von Einfluss beschäftigen.

14 PSYCHOLOGISCHE TRICKS, UM MENSCHEN DAZU ZU BRINGEN, DAS ZU TUN, WAS SIE WOLLEN

Um Menschen dazu zu bringen, auf Sie zu hören, müssen Sie nicht der CEO sein. Psychologischen Studien zufolge gibt es verschiedene Methoden, um andere davon zu überzeugen, das zu tun, was Sie wollen, ohne dass sie es merken.

1. Verwenden Sie eine "Lockvogel"-Option, um Menschen zum Kauf Ihres Produkts zu bewegen

Anhand eines alten Economist-Werbespots beschreibt der Verhaltensökonom Dan Ariely in seinem TED-Vortrag den "Lockvogel-Effekt".

In der Anzeige wurden drei Mitgliedschaftsoptionen angeboten: $59 für den reinen Internetzugang, $159 für den reinen Druckzugang und $159 für den Online- und Druckzugang. Ariely schlussfolgerte, dass die $159-Print-Option nur dazu diente, die $159-Online- und Print-Option attraktiver erscheinen zu lassen, als sie es wäre, wenn sie einfach mit der $59-Option gekoppelt wäre.

Mit anderen Worten: Wenn sich das teurere von zwei Produkten nicht verkauft, sollten Sie eine dritte Alternative einführen, deren einziger Zweck es ist, das "teure" Produkt attraktiver erscheinen zu lassen.

2. Das Umfeld optimieren, damit die Menschen weniger egoistisch handeln

"Priming" ist ein starkes psychologisches Phänomen, bei dem ein Stimulus eine instinktiv spezifische Reaktion auf einen anderen Stimulus hervorruft.

Die Teilnehmer des Ultimatumspiels beschlossen, mehr Geld für sich zu behalten, wenn sie sich in einem Raum mit einer Aktentasche, einer Ledermappe und einem Füllfederhalter befanden, als wenn sie sich in einem Raum mit neutralen Gegenständen befanden, so eine Untersuchung, über die in dem Buch "You Are Not So Smart" berichtet wird. Die geschäftsbezogenen Gegenstände könnten das Konkurrenzdenken geweckt haben, auch wenn sich keiner der Teilnehmer dessen bewusst war, was geschehen war.

Wenn Sie mit jemandem feilschen, sollten Sie sich nicht in einem Konferenzraum, sondern in einem Café treffen, damit Ihr Partner weniger aggressiv wird.

3. Ahmen Sie die Körpersprache der Leute nach, damit sie Sie mögen

Versuchen Sie, die Art und Weise, wie sie sitzen und sprechen, diskret zu kopieren, wenn Sie das nächste Mal versuchen, einen Personalchef oder das Objekt Ihrer Begierde zu beeindrucken - sie werden Sie wahrscheinlich mehr mögen.

Wissenschaftler nennen das den "Chamäleon-Effekt": Gesprächspartner, die unsere Körperhaltung, Gestik und Mimik imitieren, sind beliebt.

Das Bizarre an diesem Verhalten ist, dass es fast vollständig unbewusst abläuft. Die meisten Teilnehmer an der Studie zum "Chamäleon-Effekt" hatten keine Ahnung, dass sie imitiert wurden.

4. Um einen Argumentationsgegner davon zu überzeugen, Ihnen zuzustimmen, sprechen Sie schnell.

Es ist möglich, dass die Art und Weise, wie Sie Ihre Ansichten zum Ausdruck bringen, genauso wichtig ist wie der Inhalt Ihrer Argumente. Wenn jemand anderer Meinung ist als Sie, sollten Sie laut Forschung schneller sprechen, damit derjenige weniger Zeit hat, das Gesagte zu verdauen.

Wenn Sie hingegen ein Argument vortragen, dem Ihre Zuhörer zustimmen, können sie durch langsameres Sprechen die Botschaft besser einschätzen.

5. Um Menschen dazu zu bringen, Ihrer Bitte nachzukommen, verwirren Sie sie.

Die "Disrupt-then-reframe"-Strategie ist ein trügerischer Ansatz, um Menschen zur Zusammenarbeit zu bewegen.

Einer Studie zufolge konnten die Versuchspersonen mit dem Verkauf von Notizkarten für wohltätige Zwecke doppelt so viel Geld einnehmen, als wenn sie die Kunden nur darüber informierten, dass sie acht Karten für 3 Dollar verkaufen würden. Sie informierten die Kunden, dass der Preis für acht Karten im DTR-Szenario 300 Cent betrug, "was ein gutes Geschäft ist".

DTR, so die Forscher, funktioniert, weil es die normalen Denkprozesse unterbricht. Die Menschen sind beschäftigt, während sie versuchen auszurechnen, wie viel 300 Cent in Dollar entsprechen, und nehmen den Preis einfach als Schnäppchen an.

6. Bitten Sie Menschen um Gefallen, wenn sie müde sind, um sie zur Mitarbeit zu bewegen

Ein bewusster Geist wird bei einer Bitte vielleicht skeptisch sein. Jemand, der schläfrig oder vertieft ist, wird dagegen wahrscheinlich weniger kritisch sein und das, was Sie sagen, als wahr ansehen.

Wenn Sie einen Mitarbeiter um Unterstützung bei einem Projekt bitten, sollten Sie dies gegen Ende des Tages tun. Sie werden nicht die geistige Energie haben, zu erkennen, dass sie lieber etwas anderes tun würden, da sie von den Aufgaben des Tages erschöpft sind.

Achten Sie darauf, dass Sie sich für den Gefallen revanchieren, indem Sie ihnen beim nächsten Mal bei einem Projekt helfen, damit Sie Ihre engagierten Mitarbeiter nicht ausnutzen.

7. Ein Bild der Augen zeigen, um Menschen zu ethischem Verhalten zu bewegen

Wenn Personen in einer Cafeteria ein Bild von Augen sahen, waren sie eher geneigt, hinter sich aufzuräumen, als wenn sie ein Bild von Blumen sahen, so das Ergebnis einer Studie. Den Autoren der Studie zufolge bedeuten Augäpfel im Allgemeinen eine soziale Überwachung.

Es hilft, den Menschen das Gefühl zu geben, dass sie überwacht werden, ob Sie nun versuchen, Müll zu vermeiden oder sie auffordern, die Bücher, die sie in der Bibliothek am Arbeitsplatz ausleihen, zurückzugeben.

8. Um jemanden davon zu überzeugen, sein Verhalten zu ändern, verwenden Sie Substantive statt Verben.

In einer Untersuchung wurden den Teilnehmern zwei verschiedene Versionen derselben Frage vorgelegt: "Wie wichtig ist es Ihrer Meinung nach für Sie, bei der morgigen Wahl zu wählen?" "Wie wichtig ist es für Sie, bei der morgigen Wahl zu wählen?" und "Wie wichtig ist es für Sie, bei der morgigen Wahl zu wählen?" Den Ergebnissen zufolge neigten die Teilnehmer in der "Wähler"-Bedingung eher dazu, am nächsten Tag wählen zu gehen.

Dies ist höchstwahrscheinlich auf das Bedürfnis der Menschen nach Zugehörigkeit zurückzuführen, denn die Verwendung eines Wortes bestätigt ihren Status als Mitglied einer bestimmten Gruppe.

9. Mach den Leuten Angst, damit sie dir geben, was du brauchst

Untersuchungen haben ergeben, dass Personen, die Angst empfinden, gefolgt von einem Gefühl der Erleichterung, eher bereit sind, auf Anfragen zu antworten. Personen, die beim Überqueren der Straße das Pfeifen eines unsichtbaren Polizeibeamten hörten, waren zum Beispiel eher bereit, einen Fragebogen auszufüllen, als Personen, die dies nicht taten.

Das könnte daran liegen, dass ihre kognitiven Ressourcen auf die potenzielle Bedrohung, der sie begegnet waren, gelenkt wurden, so dass sie weniger Ressourcen hatten, um über die soeben geäußerte Bitte nachzudenken.

Mitten im Büro eine Trillerpfeife zu blasen ist normalerweise keine gute Idee. Erwägen Sie, einen Kollegen sanft zu erschrecken, indem Sie ihn an ein Projekt erinnern, das später an diesem Tag ansteht (War nur ein Scherz!) Es ist morgen fällig!) und dann fragen, ob sie bereit wären, Ihnen zu helfen.

10. Um Ihren Verhandlungspartner davon zu überzeugen, Ihr Angebot anzunehmen, konzentrieren Sie sich darauf, was er zu gewinnen hat.

Studien zufolge sollten Sie Ihrem Partner beim Feilschen eher vor Augen führen, was er zu gewinnen hat, als was er zu verlieren droht. Wenn Sie zum Beispiel versuchen, ein Auto zu verkaufen, sollten Sie nicht sagen: "Ich will 1.000 Dollar für das Auto", sondern: "Ich biete Ihnen 1.000 Dollar für das Auto".

Auf diese Weise können Sie Ihren Partner überzeugen, die Dinge aus Ihrer Sicht zu sehen, und er wird eher bereit sein, Ihnen zuzustimmen.

11. Zeigen Sie den Leuten die extremen Versionen ihrer Ansichten

Es scheint selbstverständlich, dass man, wenn man jemanden umstimmen will, ihn davon überzeugen sollte, dass sein Standpunkt falsch ist. In der Politik zeigt sich jedoch, dass ein weniger intuitiver Ansatz effektiver sein kann.

In einer Studie aus dem Jahr 2014 wurde Israelis verschiedener politischer Richtungen eine Reihe von Videoclips gezeigt, in denen der israelisch-palästinensische Konflikt als gute Erfahrung dargestellt wurde, die die jüdische Identität prägte.

Nach einigen Monaten hatten israelische Rechtsextremisten (die in der Regel weniger empfänglich für palästinensische Probleme sind als Linke) ihre politischen Überzeugungen mit größerer Wahrscheinlichkeit geändert als Rechtsextremisten, die unpolitische Videosegmente gesehen hatten. Sie gaben deutlich häufiger an, eher "friedensfreundliche" Parteien zu wählen.

Den Forschern zufolge funktioniert diese Technik, weil sie keine Gefahr für den Einzelnen darstellt, was die Aktivierung von Abwehrsystemen minimiert und es ihm ermöglicht, seinen Standpunkt neu zu bewerten.

12. Wirke nicht zu sicher

Eine faszinierende Studie aus dem Jahr 2016 untersuchte das Verhalten auf ChangeMyView, einer reddit-Website, auf der Nutzer Argumente posten und diese diskutieren.

Die Studie ergab, dass Personen, die ihre Argumente zweideutig formulieren - zum Beispiel mit der Aussage "das kann schon sein" -, den ursprünglichen Poster besser davon überzeugen können, seinen Standpunkt zu ändern. Den Forschern zufolge liegt das daran, dass dadurch der Ton des Gegenarguments abgeschwächt wird.

13. Berühren Sie sie sanft

Laut einer Untersuchung aus dem Jahr 1991 verbrachten Kunden von Buchhandlungen, die mit einer sanften Berührung am Arm begrüßt wurden, mehr Zeit im Geschäft und kauften mehr Produkte als Kunden, die nicht begrüßt wurden.

Andere Untersuchungen haben ergeben, dass Männer, die Frauen sanft am Arm berühren, wenn sie sie um ein Date bitten, mit größerer Wahrscheinlichkeit ihre Telefonnummern bekommen.

14. Sagen Sie ihnen, dass es ihnen freisteht, sich nicht zu fügen

Es mag widersprüchlich erscheinen, aber der Hinweis darauf, dass man sich weigern kann, das zu tun, was man will, wird die Leute häufig dazu bringen, Ihrer Bitte nachzukommen.

Die Nützlichkeit der "aber du bist frei"-Methode wurde kürzlich in einer Übersichtsarbeit über Studien hervorgehoben: Wenn man jemandem sein Recht auf freie Wahl bestätigt, kann man die Wahrscheinlichkeit erhöhen, dass er das tut, was man möchte, sei es eine Spende für eine Wohltätigkeitsorganisation oder die Teilnahme an einer Umfrage. Dabei spielt es keine Rolle, wie Sie es formulieren; ein einfacher Satz wie "Sie fühlen sich aber sicher nicht gezwungen" würde ausreichen.

WIE MAN DIE PROKRASTINATION STOPPT

Was ist Prokrastination?

Prokrastination wird von den Menschen seit jeher praktiziert. Das Problem ist so universell, dass antike griechische Philosophen wie Sokrates und Aristoteles den Begriff "akrasia" verwendeten, um diese Art von Verhalten zu charakterisieren.

Der Zustand der Akrasie liegt vor, wenn Sie sich entgegen Ihrem besseren Wissen verhalten. Sie tritt auf, wenn Sie eine Sache tun, obwohl Sie wissen, dass Sie etwas anderes tun sollten. Akrasia kann als Zaudern oder mangelnde Selbstbeherrschung interpretiert werden.

Hier ist eine moderne Definition:

Das Hinauszögern oder Aufschieben einer Aufgabe oder einer Gruppe von Aktivitäten wird als Prokrastination bezeichnet. Ob Sie es nun Prokrastination, Akrasie oder sonst wie nennen, es ist die Kraft, die Sie davon abhält, das zu erreichen, was Sie sich vorgenommen haben.

Warum prokrastinieren wir?

Okay, Definitionen sind wunderbar, aber warum schieben wir überhaupt etwas auf? Was ist es im menschlichen Gehirn, das uns dazu bringt, Dinge zu vermeiden, von denen wir wissen, dass wir sie tun sollten?

Dies ist eine ausgezeichnete Gelegenheit, etwas Wissenschaft in unser Gespräch einzubringen. In verhaltenspsychologischen Studien wurde ein Phänomen entdeckt, das als "zeitliche Inkonsistenz" bekannt ist und das erklärt, warum uns die Prokrastination trotz unserer besten Absichten zu verlocken scheint. Die Neigung des menschlichen Gehirns, gegenwärtige Vorteile höher zu bewerten als zukünftige, ist als zeitliche Inkonsistenz bekannt.

Stellen Sie sich vor, Sie hätten zwei Ichs: Ihr gegenwärtiges Ich und Ihr zukünftiges Ich. Das ist der beste Ansatz, um dies zu begreifen. Sie erstellen Pläne für Ihr zukünftiges Selbst, wenn Sie sich Ziele setzen, z. B. Gewicht zu reduzieren, ein Buch zu veröffentlichen oder eine Sprache zu lernen. Sie stellen sich vor, wie Ihr Leben in der Zukunft aussehen wird. Forscher haben herausgefunden, dass Ihr Gehirn, wenn Sie an Ihr zukünftiges Selbst denken, leicht erkennen kann, dass es sich lohnt, Entscheidungen zu treffen, die Ihnen auf lange Sicht Vorteile bringen. Langfristige Vorteile sind für das Zukunftsselbst wichtig.

Nur das gegenwärtige Selbst kann Maßnahmen ergreifen, während das zukünftige Selbst Ziele setzen kann. Sie treffen keine Entscheidungen mehr für Ihr zukünftiges Selbst, wenn es an der Zeit ist, eine Entscheidung zu treffen. Wenn Sie sich im gegenwärtigen Moment befinden, ist Ihr Geist auf das gegenwärtige Selbst konzentriert. Das gegenwärtige Selbst zieht laut Forschung die sofortige Befriedigung dem langfristigen Gewinn vor.

Infolgedessen stehen das gegenwärtige Selbst und das zukünftige Selbst häufig im Konflikt. Das Zukunfts-Ich möchte schlank und fit sein, aber das Gegenwarts-Ich wünscht sich einen Donut. Sicher, jeder weiß, dass eine gesunde Ernährung jetzt hilft, in zehn Jahren nicht übergewichtig zu sein. Langfristige Auswirkungen wie ein höheres Risiko für Diabetes oder Herzversagen liegen jedoch noch in weiter Ferne.

In ähnlicher Weise verstehen viele junge Menschen in ihren 20er und 30er Jahren die Notwendigkeit, für den Ruhestand zu sparen, aber die Auszahlung ist noch Jahrzehnte entfernt. Für das gegenwärtige Ich ist es viel einfacher, den Wert eines neuen Paars Schuhe zu erkennen, als 100 Dollar für sich selbst zu sparen, wenn man 70 Jahre alt ist. (Falls Sie sich wundern, es gibt einige zwingende evolutionäre Gründe, warum unser Gehirn die sofortige Befriedigung der langfristigen Befriedigung vorzieht.)

Das ist einer der Gründe, warum Sie vielleicht mit dem Gefühl ins Bett gehen, etwas ändern zu wollen, aber wenn Sie aufwachen, sind Sie in alte Gewohnheiten zurückgefallen. Wenn es um die Zukunft (morgen) geht, bevorzugt Ihr Gehirn langfristige Belohnungen, aber wenn es um den gegenwärtigen Moment geht, bevorzugt es sofortige Befriedigung (heute).

Die Prokrastinations-Aktionslinie

Langfristige Auswirkungen und Belohnungen werden nicht ausreichen, um das gegenwärtige Selbst zu steuern. Stattdessen müssen Sie herausfinden, wie Sie zukünftige Anreize und Strafen in die Gegenwart bringen können. Sie müssen zukünftige Auswirkungen in aktuelle Konsequenzen umwandeln.

Genau das passiert, wenn wir unsere Zauderei endlich ablegen und aktiv werden. Stellen Sie sich folgendes Szenario vor: Sie müssen einen Bericht vorbereiten. Das wissen Sie schon seit Wochen und haben es Tag für Tag aufgeschoben. Wenn Sie an die Arbeit denken, die Sie schreiben müssen, fühlen Sie sich unwohl und machen sich Sorgen, aber nicht genug, um etwas dagegen zu unternehmen. Dann, am Tag vor dem Abgabetermin, werden die zukünftigen Auswirkungen zu aktuellen Auswirkungen, und Sie verfassen den Bericht noch Stunden vor der Abgabetermin. Die Qual der Prokrastination hat nun einen Wendepunkt erreicht, und Sie haben die "Action Line" überschritten.

Es gibt einen wichtigen Punkt, der hier erwähnt werden muss. Die Qual beginnt zu schwinden, sobald man die Aktionslinie überschreitet. Tatsächlich ist das Aufschieben häufig unangenehmer als die tatsächliche Ausführung der Aufgabe. In der obigen Grafik ist Punkt A häufig schmerzhafter als Punkt B. Wenn Sie aufschieben, sind die Schuldgefühle, die Demütigung und die Sorgen, die Sie empfinden, in der Regel schlimmer als die Anstrengungen und die Energie, die Sie beim Arbeiten aufwenden müssen. Das Problem ist nicht die Durchführung der Aufgabe, sondern der Beginn.

Wenn wir mit dem Aufschieben aufhören wollen, müssen wir es dem gegenwärtigen Selbst so einfach wie möglich machen, damit anzufangen, und darauf vertrauen, dass Inspiration und Schwung folgen werden. (Motivation entsteht normalerweise, nachdem man begonnen hat, nicht vorher.)

Wie man jetzt mit dem Aufschieben aufhört

Es gibt eine Reihe von Techniken, die uns helfen können, das Aufschieben zu beenden. Im Folgenden werde ich die einzelnen Ideen erläutern und Ihnen dann einige Beispiele für Strategien in Aktion zeigen.

Option 1: Die Belohnungen für das Ergreifen von Maßnahmen unmittelbarer machen

Es wird einfacher, der Prokrastination zu widerstehen, wenn man eine Methode findet, um die Vorteile langfristiger Entscheidungen unmittelbarer zu machen. Die Methode der Verlockungsbündelung ist eine der wirksamsten Strategien, um zukünftige Vorteile in die Gegenwart zu holen.

Das Konzept der Versuchungsbündelung geht auf die verhaltensökonomische Studie von Katy Milkman an der Universität von Pennsylvania zurück. Einfach ausgedrückt, schlägt die Methode vor, dass man eine Gewohnheit, die einem langfristig nützt, mit einem Verhalten kombiniert, das sich kurzfristig gut anfühlt.

Tun Sie nur [DAS, was Sie lieben], während Sie [DAS, WAS SIE PROKRASTINIEREN] tun, das ist die Grundstruktur.

Es folgen einige Beispiele für die Bündelung von Verlockungen:

- Hören Sie beim Training nur Hörbücher oder Podcasts, die Ihnen Spaß machen.
- Gehen Sie nur zur Pediküre, während Sie überfällige Arbeits-E-Mails abarbeiten.
- Während Sie bügeln oder häusliche Aufgaben erledigen, schauen Sie einfach Ihr Lieblingsprogramm.
- Wenn Sie eine monatliche Besprechung mit einem schwierigen Kollegen haben, gehen Sie nur in Ihrem Lieblingsrestaurant essen.

Dieses Kapitel führt Sie durch verschiedene Aktivitäten, um herauszufinden, wie Sie Konzepte zur Bündelung von Versuchungen entwickeln können, die für Sie funktionieren.

Option 2: Die Folgen der Prokrastination unmittelbarer machen

Sie können sich selbst dazu drängen, den Preis des Aufschiebens eher früher als später zu zahlen, und zwar auf verschiedene Weise. Wenn Sie zum Beispiel alleine trainieren, wird das Auslassen einer Trainingseinheit in der nächsten Woche nur wenig Einfluss auf Ihr Leben haben. Ihre Gesundheit wird nicht darunter leiden, dass Sie diese eine Trainingseinheit auslassen. Das Aufschieben von Bewegung hat einen hohen Preis, der sich erst nach Wochen oder Monaten der Trägheit bemerkbar macht. Wenn Sie sich dagegen verpflichten, am nächsten Montag um 7 Uhr morgens mit einem Freund zu trainieren, ist die Strafe für das Auslassen des Trainings viel unmittelbarer. Sie werden wie ein Idiot dastehen, wenn Sie dieses eine Training ausfallen lassen.

Ein weiterer beliebter Ansatz ist die Platzierung einer Wette auf einer Website wie Stickk. Wenn Sie Ihr Versprechen nicht einhalten, wird das Geld an eine Wohltätigkeitsorganisation gespendet, die Sie verabscheuen. Das Ziel ist es, eine neue Konsequenz zu schaffen, wenn Sie die Aktion nicht sofort durchführen.

Option 3: Gestalten Sie Ihre zukünftigen Aktionen

Ein "Commitment Device" ist eine der beliebtesten Techniken, die von Psychologen eingesetzt werden, um Menschen bei der Überwindung von Prokrastination zu helfen. Indem Sie Ihre zukünftigen Handlungen im Voraus planen, können Sie mit dem Aufschieben aufhören.

Wenn Sie beispielsweise Lebensmittel in einzelnen Behältern und nicht in großen Mengen kaufen, können Sie Ihre künftigen Essgewohnheiten besser kontrollieren. Löschen Sie Spiele und Anwendungen für soziale Netzwerke von Ihrem Telefon, um keine Zeit mehr zu verschwenden. (Sie können auch Ihren Computer benutzen, um dies zu verhindern.)

Indem Sie Ihren Fernseher in einen Schrank stellen und ihn nur an wichtigen Spieltagen herausholen, verringern Sie die Wahrscheinlichkeit, dass Sie gedankenlos durch die Kanäle surfen. Um künftige Glücksspielsucht zu vermeiden, könnten Sie versuchen, sich in die Verbotsliste von Kasinos und Online-Glücksspielseiten aufnehmen zu lassen. Richten Sie eine automatische Überweisung von Bargeld auf Ihr Sparkonto ein, um einen Notfallfonds aufzubauen. Dies sind nur einige Beispiele für Hilfsmittel, die Ihnen helfen können, das Zögern zu vermeiden.

Option 4: Die Aufgabe besser bewältigen

Die Reibung, die zur Prokrastination führt, konzentriert sich im Allgemeinen auf den Beginn eines Verhaltens, wie wir bereits besprochen haben. Es ist im Allgemeinen einfacher, weiterzuarbeiten, wenn man erst einmal angefangen hat. Ein hervorragender Grund, den Umfang Ihrer Gewohnheiten zu minimieren, besteht darin, dass Sie weniger zum Aufschieben neigen, wenn Ihre Gewohnheiten bescheiden und leicht zu beginnen sind.

Die 2-Minuten-Regel lautet: "Wenn Sie eine neue Gewohnheit beginnen, sollte sie weniger als zwei Minuten in Anspruch nehmen." Dies ist eine meiner Lieblingstechniken, um Gewohnheiten zu vereinfachen. Das Ziel ist es, den Einstieg so einfach wie möglich zu gestalten und darauf zu vertrauen, dass man sich, wenn man erst einmal angefangen hat, immer weiter in die Arbeit stürzt. Es ist viel einfacher, etwas durchzuhalten, wenn man einmal angefangen hat. Die 2-Minuten-Regel beseitigt Zögern und Faulheit, indem sie den Einstieg so einfach macht, dass Sie gar nicht mehr Nein sagen können.

Die Aufteilung von Projekten ist ein weiterer wunderbarer Ansatz, um die Dinge überschaubarer zu machen. Nehmen wir zum Beispiel das produktive Werk des berühmten Schriftstellers Anthony Trollope. Er schrieb 47 Romane, 18 Sachbücher, 12 Kurzgeschichten, zwei Theaterstücke und eine Vielzahl von Essays und Briefwechseln. Wie hat er das geschafft? Trollope überwachte seine Fortschritte in 15-Minuten-Intervallen und nicht in Kapiteln oder abgeschlossenen Romanen. Er setzte sich das Ziel, alle 15 Minuten 250 Wörter zu schreiben, und das tat er täglich drei Stunden lang. Während er weiter an der gewaltigen Aufgabe arbeitete, ein Buch zu schreiben, konnte er mit dieser Technik alle 15 Minuten ein Gefühl der Freude und des Erfolgs erleben.

Es ist aus zwei Gründen wichtig, dass Sie Ihre Aufgaben realistischer gestalten.

- Kleine Schritte helfen Ihnen, den Schwung beizubehalten, so dass Sie große Projekte mit größerer Wahrscheinlichkeit abschließen können.

- Je schneller Sie eine produktive Aufgabe erledigen, desto schneller wird Ihr Tag produktiv und erfolgreich.

Dieses zweite Element, die Geschwindigkeit, mit der Sie Ihre erste Arbeit des Tages erledigen, hat sich als entscheidend erwiesen, wenn es darum geht, die Prokrastination zu überwinden und Tag für Tag ein hohes Maß an Produktivität aufrechtzuerhalten.

Konsequent sein: Wie man sich von der Prokrastinationsgewohnheit befreit

Okay, wir haben eine Reihe von Methoden zur Überwindung der Prokrastination im Alltag kennengelernt. Sehen wir uns nun einige Strategien an, mit denen wir Produktivität zu einer langfristigen Gewohnheit machen und verhindern können, dass die Prokrastination in unserem Leben wieder auftaucht.

Empfehlungen von Experten für einen produktiven Tagesablauf

Wir haben keine klare Strategie, um zu entscheiden, was wesentlich ist und worauf wir uns zuerst konzentrieren sollten, was einer der Gründe dafür ist, dass wir so leicht in die Prokrastination zurückfallen. (Dies ist ein weiteres Beispiel dafür, dass das System Vorrang vor dem Ziel hat).

Eine der effektivsten Produktivitätstechniken, die ich entdeckt habe, ist auch eine der einfachsten. Sie ist bekannt als die Ivy-Lee-Methode und besteht aus sechs Schritten:

- Erstellen Sie am Ende eines jeden Arbeitstages eine Liste mit den sechs wichtigsten Aufgaben, die Sie am nächsten Tag erledigen müssen. Es sollten nicht mehr als sechs Aufgaben aufgeschrieben werden.

- Sortieren Sie diese sechs Punkte nach ihrer tatsächlichen Relevanz in eine Rangfolge.

- Wenn Sie am nächsten Tag kommen, konzentrieren Sie sich ausschließlich auf die erste Aufgabe. Arbeiten Sie an der ersten Aufgabe, bis sie erledigt ist, bevor Sie sich der zweiten zuwenden.

- Fahren Sie mit dem Rest Ihrer Aufgabenliste auf die gleiche Weise fort. Verschieben Sie am Ende des Tages alle unerledigten Dinge auf eine neue Liste mit sechs Aufgaben für den nächsten Tag.
- Wiederholen Sie diesen Vorgang an jedem Arbeitstag.

Das macht sie so effektiv:

Es ist einfach genug, um tatsächlich zu funktionieren. Der Hauptkritikpunkt an solchen Ansätzen ist, dass sie zu simpel sind. Sie berücksichtigen nicht alle Feinheiten und Subtilitäten des Lebens. Was passiert, wenn eine Situation eintritt, die sofortige Aufmerksamkeit erfordert? Was ist mit der optimalen Nutzung von Spitzentechnologie? Meiner Erfahrung nach ist Komplexität häufig ein Fehler, denn sie erschwert es, wieder auf den richtigen Weg zu kommen. Ja, es wird Krisen und unvorhergesehene Ablenkungen geben. Ignorieren Sie diese so weit wie möglich, kümmern Sie sich nur dann um sie, wenn es unbedingt notwendig ist, und kehren Sie so schnell wie möglich zu Ihrer Aufgabenliste zurück, die Sie nach Prioritäten geordnet haben. Um kompliziertes Verhalten zu steuern, verwenden Sie Grundregeln.

Es zwingt Sie, schwierige Entscheidungen zu treffen. Meiner Meinung nach ist nichts Bemerkenswertes an Lees sechs kritischen Aufgaben pro Tag. Es könnten auch fünf Aufgaben pro Tag sein, oder sogar weniger. Ich glaube jedoch, dass es eine magische Wirkung hat, sich selbst Grenzen zu setzen. Wenn Sie zu viele Ideen haben (oder von all dem, was Sie erledigen müssen, überwältigt sind), ist es meiner Meinung nach das Beste, Ihre Ideen zu streichen und alles wegzuschneiden, was nicht unbedingt erforderlich ist. Zwänge können Ihnen helfen, sich zu verbessern. Lees Ansatz ist vergleichbar mit der 25-5-Regel von Warren Buffett, die besagt, dass man sich nur auf fünf wichtige Aktivitäten konzentrieren und den Rest ignorieren soll. Grundsätzlich gilt: Wenn Sie sich nichts vornehmen, werden Sie durch alles andere abgelenkt.

Es beseitigt die Reibung beim Starten. Der schwierigste Teil der meisten Aufgaben ist der Anfang. (Es ist schwierig, sich von der Couch zu erheben, aber wenn man erst einmal angefangen hat zu joggen, ist es viel einfacher, das Training zu beenden.) Bei Lees Technik müssen Sie Ihre erste Aufgabe am Abend vor Arbeitsbeginn auswählen. Diese Technik hat sich für mich als sehr vorteilhaft erwiesen, denn als Schriftsteller kann ich leicht drei oder vier Stunden damit verbringen, darüber zu diskutieren, worüber ich an einem bestimmten Tag schreiben soll. Wenn ich jedoch am Vorabend eine Entscheidung treffe, kann ich aufwachen und sofort mit dem Schreiben beginnen. Das ist einfach, aber es funktioniert. Der Einstieg ist genauso wichtig wie der Erfolg am Anfang.

Es verlangt von Ihnen, dass Sie nur eine Aufgabe erledigen. Multitasking ist in der heutigen Kultur sehr beliebt. Der Trugschluss des Multitasking besagt, dass beschäftigt zu sein gleichbedeutend damit ist, besser zu sein. Tatsächlich ist das genaue Gegenteil der Fall. Es ist leichter zu arbeiten, wenn man weniger Prioritäten hat. Wenn Sie sich die Weltklasse-Spezialisten auf praktisch jedem Gebiet ansehen - Sportler, Künstler, Wissenschaftler,

Lehrer, CEOs -, werden Sie feststellen, dass sie alle eines gemeinsam haben: Aufmerksamkeit. Der Grund dafür ist ganz einfach. Man kann sich nicht in einer Sache hervortun, wenn man seine Zeit ständig in 10 andere Richtungen verbringt. Um etwas zu meistern, sind Konzentration und Beständigkeit erforderlich.

Unabhängig davon, für welchen Ansatz Sie sich entscheiden, geht es im Endeffekt darum, jeden Tag die wichtigste Arbeit zuerst zu erledigen und sich von dem Schwung dieser Aufgabe zur nächsten tragen zu lassen.

Wie man chronische Prokrastination mit visuellen Hinweisen vermeidet

Eine weitere Methode, um den Kreislauf der chronischen Prokrastination zu durchbrechen, ist die Verwendung von visuellen Hinweisen, um Ihr Verhalten zu aktivieren und Ihre Fortschritte zu verfolgen.

Ein visueller Hinweis (auch als visuelle Erinnerung bezeichnet) ist alles, was Sie sehen und was Sie dazu motiviert, etwas zu unternehmen. Hier erfahren Sie, warum sie für die Überwindung der Prokrastination so wichtig sind:

Visuelle Signale erinnern uns daran, eine neue Gewohnheit zu beginnen. Häufig täuschen wir uns selbst über unsere Fähigkeit, neue Gewohnheiten abzurufen. ("Ich werde anfangen, mich gesünder zu ernähren.") Diesmal ist es wirklich so.") Doch nach ein paar Tagen verschwindet der Elan, und die Hektik des Lebens übernimmt wieder die Oberhand. Die bloße Erinnerung an eine neue Gewohnheit ist fast immer eine Formel für den Misserfolg. Aus diesem Grund ist ein visueller Anreiz so vorteilhaft. Wenn Ihre Umgebung Sie in die richtige Richtung stupst, ist es viel einfacher, gesunde Verhaltensweisen beizubehalten.

Visuelle Signale zeigen an, wie weit man bei einer Aktivität fortgeschritten ist. Obwohl jeder weiß, dass Beständigkeit eine Schlüsselkomponente für den Erfolg ist, nehmen sich nur wenige Menschen die Zeit, ihre eigene Beständigkeit im wirklichen Leben zu überprüfen. Da es sich um ein eingebautes Messsystem handelt, wird dieses Problem durch einen visuellen Anhaltspunkt - z. B. einen Kalender, der Ihre Fortschritte überwacht - umgangen. Ein Blick auf Ihren Kalender genügt, um zu sehen, wie weit Sie gekommen sind.

Die Motivation kann durch visuelle Anhaltspunkte gesteigert werden. Es ist normal, dass Sie sich mehr motiviert fühlen, die Gewohnheit beizubehalten, wenn der sichtbare Beweis für Ihren Erfolg wächst. Je mehr Fortschritte Sie visuell sehen, desto motivierter werden Sie sein, die Arbeit zu Ende zu bringen.

SCHLUSSFOLGERUNG

In diesem neuen, wettbewerbsorientierten Jahrhundert ist das Sprechen in der Öffentlichkeit eine entscheidende Fähigkeit. Das Sprechen in der Öffentlichkeit verschafft Ihnen einen Vorteil, um mit der schnelllebigen Welt Schritt zu halten. Das Sprechen in der Öffentlichkeit trägt zweifelsohne zu diesem Ziel bei. Es gibt eine Vielzahl von Meinungen über das öffentliche Reden, die häufig umstritten sind und zu falschen Schlussfolgerungen führen. Doch nicht jeder versteht die eigentliche Bedeutung des öffentlichen Redens. Die Menschen müssen ihre Meinungen und Gedanken zum Ausdruck bringen, um in der Gesellschaft erfolgreich zu sein. Wir alle wissen, dass das öffentliche Reden seit jeher von entscheidender Bedeutung für die Entwicklung und Aufrechterhaltung einer demokratischen Gesellschaft ist. Man könnte behaupten, dass das öffentliche Reden einen großen Einfluss auf alle Bereiche des Lebens hat.

Die Angst vor öffentlichen Auftritten treibt viele von uns um. Viele von uns haben Angst, sich diesem Thema zu stellen, da es uns schwerfällt. In jedem Bereich des Lebens ist das Sprechen in der Öffentlichkeit erforderlich. Ganz gleich, ob wir für uns selbst oder für ein Unternehmen arbeiten, wir werden letztendlich in der Öffentlichkeit sprechen müssen, um bestimmte Aufgaben zu erfüllen. Das Wichtigste, woran man sich erinnern sollte, ist, dass man, wenn man eine Führungsposition einnehmen oder etwas Lohnenswertes im Leben erreichen will, häufig vor großen und kleinen Gruppen sprechen muss, um erfolgreich zu sein.

Die Realität bei öffentlichen Reden ist, dass, egal wie gut Sie auftreten, jemand Einwände gegen Sie oder Ihren Standpunkt haben wird. Menschen neigen dazu, über alles in unserer Welt zu diskutieren, unabhängig davon, ob gut oder schädlich ist. In einer großen Gruppe von Menschen wird es immer eine Reihe von Ideen, Urteilen und Emotionen geben. Viele davon werden positiv sein, aber es wird auch einige unangenehme Bemerkungen geben.

Das Sprechen in der Öffentlichkeit kann als entscheidender Faktor für Ihren Erfolg angesehen werden. Sie spiegelt in gewisser Weise Ihre Persönlichkeit wider. Das Sprechen in der Öffentlichkeit ist eine Form der Kunst. Folglich ist es notwendig, diese Kunst zu beherrschen. Was immer

Ihnen über die Lippen kommt, ist keine Kommunikation. Ohne Fähigkeiten richtet Kommunikation mehr Schaden als Nutzen an. Sie müssen höflich sein, wenn Sie auf der Bühne oder vor einem großen Publikum sprechen. Achten Sie darauf, dass Ihre Rede kein Monolog ist. Ein hervorragender Redner ist jemand, der die Aufmerksamkeit des Publikums während seiner gesamten Rede aufrechterhält.

Eine Rede, die die Zuhörer noch lange nach der Rede zum Nachdenken anregt, wird den Zuhörern auch noch lange in Erinnerung bleiben.

Als öffentlicher Redner müssen Sie zunächst Ihr Publikum verstehen und dann Ihre Botschaft auf dessen Bedürfnisse zuschneiden. Bevor Sie eine Rede halten, machen Sie Ihre Hausaufgaben. Bringen Sie alles in eine sinnvolle Reihenfolge. Denken Sie immer daran, dass Ihre Rede Ihre Zuhörer fesseln und ihnen einen vollen Nutzen für ihre Zeit bieten sollte. Die Zuhörer sollten sich nicht unwohl fühlen, wenn sie Ihrer Rede zuhören. Ihr Wunsch, mehr von Ihnen zu hören, sollte wachsen. Bevor Sie Ihre Rede halten, sollten Sie sie üben und einstudieren. Versuchen Sie, sich vor Ihrem Publikum zu entspannen und sich wohl zu fühlen. Erkennen Sie Ihre Stärken und Schwächen. Betonen Sie während Ihres Vortrags Ihre wichtigsten Punkte.

Wenn Sie eine Präsentation vor einem Publikum halten, agieren Sie auf der Bühne wie ein Schauspieler. Es ist wichtig, dass Sie darauf achten, wie Ihr Publikum Sie wahrnimmt. Treten Sie immer fröhlich, optimistisch, selbstbewusst und stolz, aber nicht arrogant auf. Beherrschen Sie Ihre Ängste und entspannen Sie sich. Sprechen Sie langsam, mit richtiger Aussprache und bringen Sie angemessene Emotionen und Gefühle in Bezug auf Ihr Thema zum Ausdruck. Stellen Sie eine Verbindung zu Ihrem Publikum her.

In der heutigen schnelllebigen Zeit erfordert das Sprechen in der Öffentlichkeit große Überzeugungskraft. Wir sind auf die Unterstützung und Zusammenarbeit mit anderen angewiesen, um unsere Ziele zu erreichen. Das Sprichwort "Kein Mensch ist eine Insel" ist unbestreitbar wahr. Sie können andere nur überzeugen, wenn Sie ein ausgezeichneter Kommunikator sind. Je besser Ihre Kommunikationsfähigkeiten sind, desto mehr werden die Dinge zu Ihren Gunsten laufen. Als Waffe hat die öffentliche Rede die Fähigkeit, große Gruppen von Menschen zu beeinflussen und nicht nur eine einzelne Person.

CPSIA information can be obtained
at www.ICGtesting.com
Printed in the USA
BVHW091653131022
649382BV00015B/629

9 798215 180235